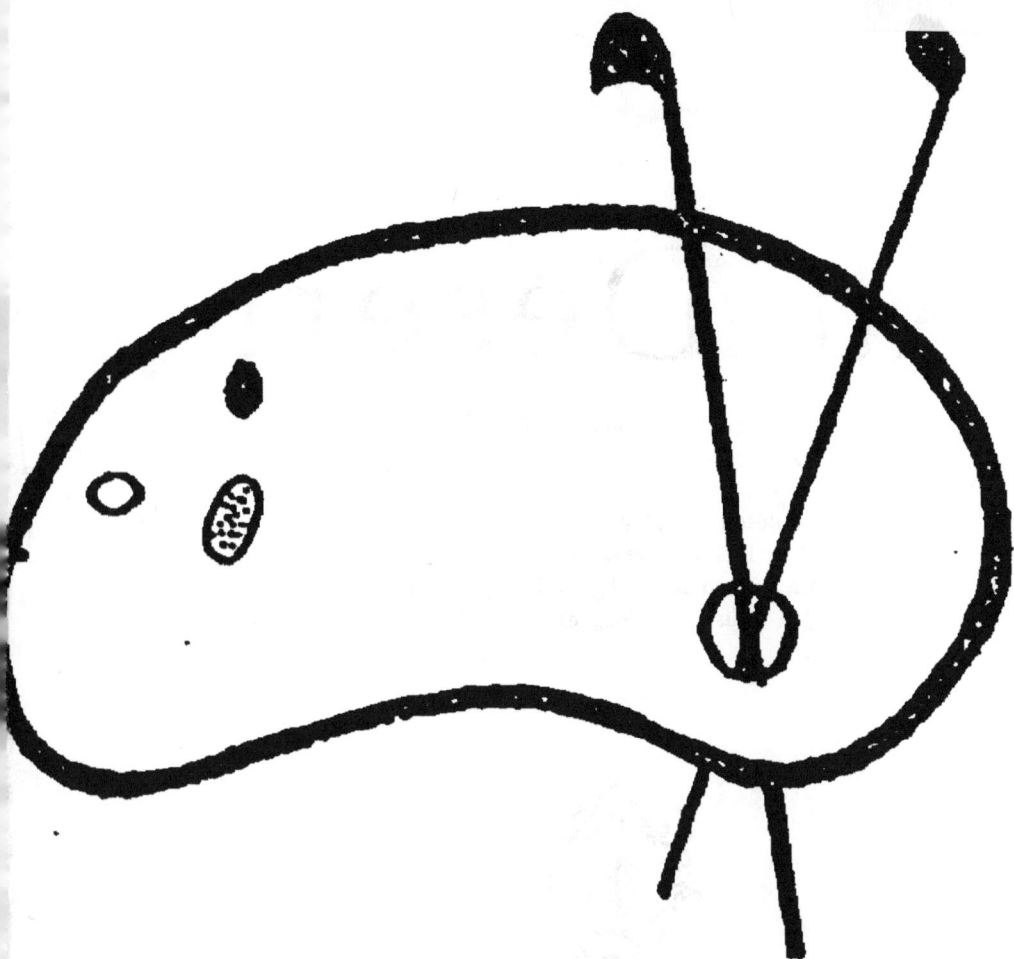

COUVERTURE SUPERIEURE ET INFERIEURE
EN COULEUR

ALEXIS TROUVÉ

Au Désert

> Le désert ! — L'infini. — Rien. — Des milliers de lieues
> Dont l'œil ne voit jamais que ce qu'il en peut voir ;
> Un horizon borné, lignes d'or que le soir
> Change en longues lignes bleues.
>
> Jean AICARD

MOULINS

CRÉPIN-LEBLOND IMPRIMEUR-ÉDITEUR

14, avenue de la Gare, 14

1898

Au Désert

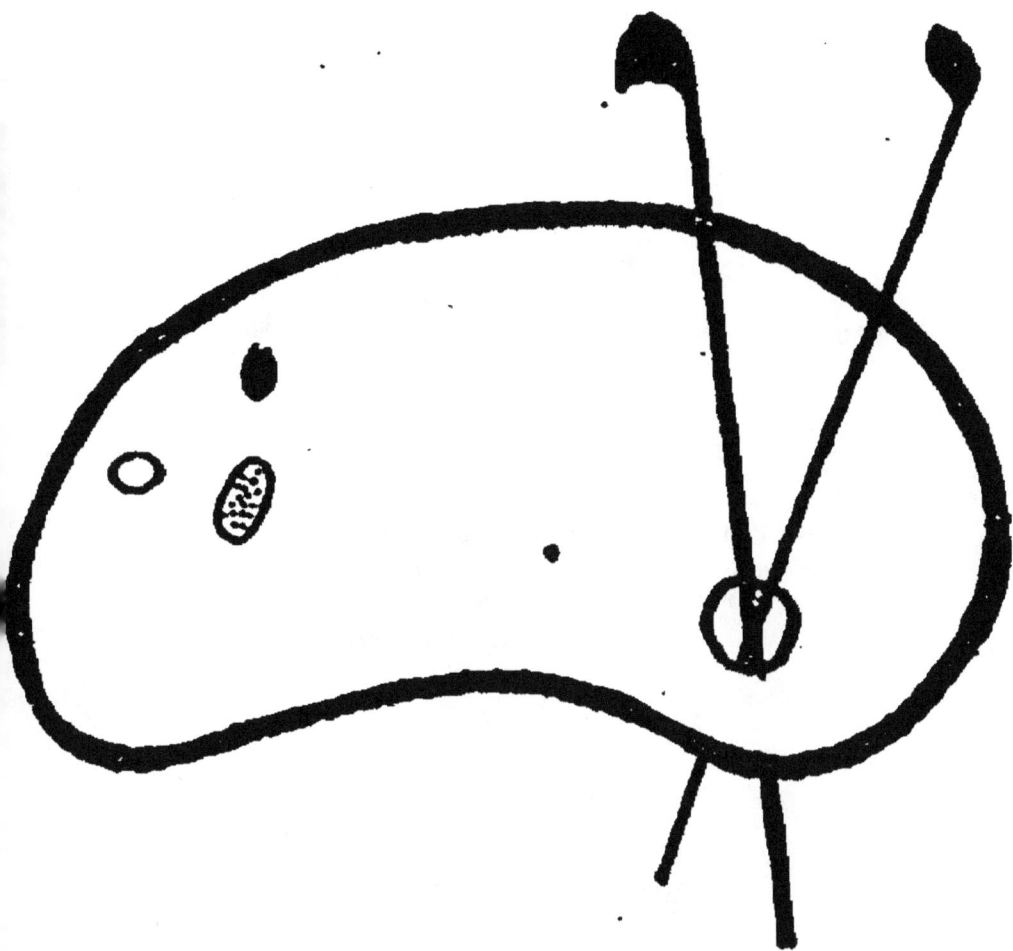

ORIGINAL EN COULEUR
NF Z 43-120-8

ALEXIS TROUVÉ

Au Désert

Le désert ! — L'infini. — Rien. — Des milliers de lieues
Dont l'œil ne voit jamais que ce qu'il en peut voir ;
Un horizon borné, lignes d'or que le soir
Change en longues lignes bleues.

Jean AICARD

MOULINS

CRÉPIN-LEBLOND IMPRIMEUR-ÉDITEUR

14, avenue de la Gare, 14

1898

Au Désert

I

De Paris à Marseille. — A bord du Maréchal-Bugeaud. — Le départ. — En route pour Tunis. — Roulis inquiétant. — Table vide. — Un ministre matelot. — Clair de lune. — En vue des côtes de Sardaigne. — Soleil levant. — Les marsouins de l'onde. — Dix-sept nœuds à l'heure. — L'oiseau mort. — En vue de l'île Galite. — La côte d'Afrique.

Mon rêve de vingt années est enfin réalisé! J'ai vu Tunis, la blanche; Sousse, la perle de l'Orient; Sfax dans son cadre d'oliviers; j'ai vu Kairouan, la ville sainte, resplendir sous son soleil de feu, au milieu des sables de son désert !

Je n'ai certes pas la prétention d'avoir, après

tant d'autres, découvert la Tunisie ; mon ambi-
tion est beaucoup plus modeste. J'ai seulement
voulu noter quelques impressions, fixer quelques
images rapportées de ma merveilleuse excursion,
pour que ces images et ces impressions ne
s'effacent pas avec le temps. C'est le seul but
que je me suis proposé, et c'est la seule raison
d'être de ce travail fait à bâtons rompus, dans
le coup de feu de la besogne quotidienne.

C'est le 17 avril, à six heures du soir, à la
suite d'un télégramme de notre ministre-résident
général à Tunis, que mon voyage au pays des
mosquées et des minarets fut décidé. Il avait
pour but l'inauguration du port de Sfax, où se
rendaient, sur l'invitation de M. Millet, les
ministres du Commerce, des Finances et de la
Justice, MM. Boucher, Cochery et Darlan.

Le départ eut lieu le lendemain soir, jour de
Pâques, par le rapide de Marseille.

Malgré le confortable très relatif des wagons-
lits de la Compagnie P.-L.-M., je m'endormis
promptement et ne me réveillai qu'au jour, en
gare de Tarascon.

A dix heures du matin, le train arrivait à
Marseille. Sans autres bagages que ma valise, je
sautai dans une voiture qui me conduisit en dix
minutes au quai d'embarquement du *Maréchal-
Bugeaud*, magnifique paquebot de la Compa-

gnie générale transatlantique, mis à notre disposition par le résident général, pour nous conduire à Tunis.

A onze heures exactement, nous quittions le port de la Joliette au bruit du canon, auquel se mêlaient les accents de *la Marseillaise* et les cris de : « Vive la République ! »

Il ventait une forte brise, qui rendait la mer très houleuse.

Oh ! cette mélancolie du départ, même pour un temps très court, même pour des voyages ardemment souhaités, vers les pays les plus attirants ; cette inquiétude et ce regret que nous éprouvons au geste ailé des mouchoirs, au moment où manque la dernière amarre qui nous retenait à la terre ! Oh ! que cette minute où s'accomplit l'irréparable rupture est angoissante !

Nous longeons les îles, au milieu desquelles se détachent, gracieuses, les ruines du Château d'If, célèbre par les souvenirs du Comte de Monte-Cristo ; puis, insensiblement, la côte au loin décroît. La mer, devant nous, est admirable, bleue et blanche, et limpide, et les dentelures émoussées des falaises se découpent sous un ciel d'avril où s'effilochent de soyeux flocons.

Maintenant, c'est le large. Plus rien en vue, ni bateaux ni terres. Les yeux se reposent, charmés, sur le cercle invariable de l'horizon et les profondeurs blondes d'un ciel de printemps. On flâne, délicieusement étendus sur des bancs ou accoudés aux bastingages, silencieux, en attendant l'heure du déjeuner, après lequel chacun aspire.

Le *Maréchal-Bugeaud* roule beaucoup, et tout le monde en souffre plus ou moins. A de certains moments, on a peine à se tenir sur le pont, et je remarque sur bien des visages des symptômes précurseurs de violentes tempêtes... d'estomac.

En ce qui me concerne, j'éprouve quelques vagues angoisses qui ne sont pas sans me causer de vives inquiétudes pour l'avenir.

Mais, voici que la cloche du bord nous appelle à table. Elle sonne à l'avant alors que je me trouve à l'arrière, regardant béatement le magnifique sillage que notre paquebot laisse derrière lui. Ses tintements me paraissent venir de si loin que mon souvenir se reporte instinctivement à cette autre cloche des Iles Normandes, entendue dans une nuit de tourmente par les naufragés de *la Matutina*.

Les places sont vite occupées, mais des vides nombreux se produisent bientôt, causés par le roulis qui devient très pénible.

Les bouteilles, les verres, les assiettes se

choquent, glissent sur le parquet, confondus
dans un pêle-mêle très pittoresque, mais peu
rassurant. Il y eut, à ce premier repas à bord,
nombre de robes et de pantalons endommagés,
mais on en rit ainsi qu'il convenait.

Pendant tout le déjeuner, je fus littéralement
à la torture, passant par toutes les couleurs de
de l'arc-en-ciel. Cependant, à force de volonté,
j'évitai le petit désagrément que je redoutais
tant.

Puis nous remontâmes sur le pont. Les amateurs de photographie braquèrent leurs instruments et firent une orgie de plaques. M. Cochery
notamment fut pris grimpant dans les haubans,
comme un matelot en corvée, ou tirant à balles
sur des goëlands ou des bouteilles jetées à la mer
et attachées par une ficelle à l'arrière du bateau.

Je le dis tout bas : ce qu'il est maladroit,
notre ministre des Finances, et ce que nous
nous sommes « payé sa tête » !...

Enfin, le soir vient ; la mer tombe un peu,
et, dans la fraîcheur nocturne de l'après-dîner,
les va-et-vient sur le pont recommencent ; le
ciel est pur et scintille ; à peine, au ras de l'eau,
traînent quelques vapeurs. Les conversations,
par degrés, meurent. Plus d'autre bruit que la
pulsation rythmique de la machine et le bruis-
sement rageur de la lame éventrée, tandis que,

derrière nous, dans le sillage, de phosphoriques étincelles s'allument, bleuâtres, parmi l'écume immaculée.

Dix heures! le pont se fait désert, mais je suis toujours là, le regard tourné vers l'Orient, dans l'attente du mystère, savourant ce plaisir égoïste de penser que c'est presque pour moi seul que luit ce firmament d'azur sourd, que chante à mi-voix cette mer maintenant paisible...

Soudain, la lune paraît, grandit, monte à l'horizon ainsi qu'en une apothéose, versant sur le ciel et sur la mer des vagues de laiteuse clarté.

Longtemps je m'attarde, ravi, à admirer ce spectacle, à suivre sur l'étendue de la plaine liquide, le frémissement de la lumière et de l'ombre sans cesse déformées.

Minuit! c'est l'heure du repos. Je descends à ma cabine et m'endors d'un lourd sommeil, délicieusement bercé par la vague qui s'est faite toute câline depuis l'approche du soir.

Mais, à quatre heures, je me trouvais de nouveau sur le pont, en compagnie du ministre du Commerce et de quelques rares invités qui voulaient comme moi, saluer en passant les côtes d'une terre que nous savions proche : l'île de Sardaigne.

Je n'oublierai jamais notre passage en vue de l'île italienne par cette superbe matinée d'avril,

et j'aurai longtemps devant les yeux ces hauts
fantômes de rochers, déchiquetés et sombres, se
détachant vigoureusement sur un ciel embrasé
par les rayons d'un magnifique soleil levant !

Nous rencontrâmes dans ces parages de nombreuses bandes de marsouins. Quelques-uns
nous accompagnèrent un moment, se tenant
presque à fleur d'eau à l'arrière du *Bugeaud*;
d'autres évoluaient sur les côtés de l'avant,
faisant des bonds prodigieux, se renversant,
plongeant et remontant à la surface de la mer,
dont la limpidité nous permettait de suivre,
émerveillés, tous leur ébats.

Mais bientôt, derrière nous, la Sardaigne
s'évanouit dans la brume, et nous nous retrou-
vons de nouveau en pleine immensité.

Nous naviguons sur une mer d'huile, et filons
à raison de dix-sept nœuds à l'heure, la plus
grande vitesse obtenue jusqu'ici dans les traversées de Marseille à Tunis.

Ce que c'est que de voyager avec des ministres,
et d'être les invités d'un résident général !

Depuis que nous avons quitté les côtes de
Sardaigne, un pauvre petit oiseau, un engou-
levent, me dit-on, accompagne notre navire sur
lequel il cherche à se poser ; mais l'équipage, qui
veut s'en emparer, l'en empêche. On va même
jusqu'à lui tendre des lignes pour le prendre à

l'hameçon. Finalement, la pauvre bête épuisée, désespérant sans doute de fléchir la pitié humaine qu'elle semblait implorer, se posa sur le flot qui bientôt l'engloutit.

N'était-ce pas là un présage de funeste augure ?

Mais on eut vite oublié le malheureux oiseau et sa triste fin pour ne penser, de nouveau, qu'aux distractions du bord ; et puis, nous nous rapprochions de la terre, et, au fur et à mesure que nous avancions, l'impatience se faisait plus grande, les yeux fouillaient l'horizon avec plus de persistance, mais ils ne distinguaient toujours que le bleu du ciel se confondant avec le bleu plus accusé de la mer.

Cependant, vers dix heures du matin, nous aperçûmes au large, par tribord, une espèce de promontoire que beaucoup d'entre nous prirent pour la côte d'Afrique.

C'était l'île de Galite, sentinelle avancée du grand continent, qui tremblotait sous le ciel matinal, aiguë et pâle, au sommet de laquelle on a construit un phare de grande puissance, lequel est entretenu par un gardien qui est le seul habitant de cet îlot perdu, dont les vagues font l'éternel assaut.

Enfin, au moment où, comme la veille, la cloche nous appelle pour le déjeuner, on se

montre une ligne basse, indécise et comme légèrement teintée de rose, tout là-bas, à l'avant du
Maréchal-Bugeaud. Cette fois, il n'y a pas à s'y
tromper, ce sont bien les côtes de Tunisie que
nous apercevons, c'est bien la terre que, dans
quelques heures, nous allons fouler du pied.

II

Dans le canal de Tunis. — Les chameaux sur la lagune. — Envolée de flamants. — Comment on prend ces oiseaux. — Paysage. — Réceptions officielles à bord. — La descente en canots. — Ministres disparus.— Au palais de « Dar el Bey ». — Collection de pendules. — Ma réception par le premier ministre. — La première Agence télégraphique du monde ! — A la Résidence générale.

Nous voici maintenant engagés dans le canal de dix-huit kilomètres qui fait communiquer le port de Tunis avec la mer, à travers le lac. Au fond du golfe, à l'horizon, sur une lagune toute baignée des feux d'un jour mourant, une troupe de chameaux passent lentement, à la file indienne, profilant, sur le fond rouge du ciel, leurs silhouettes fantastiques.

Quelle délicieuse vision ! et comme je m'étais bien figuré cette terre d'Afrique telle qu'elle est réellement, avec son aspect étrange, son pittoresque local et ses couleurs éclatantes !

Le *Maréchal-Bugeaud*, tout pavoisé, s'avance, majestueux, sous petite vapeur, dans le canal. Sur le lac sans rides, les flamants roses aux ailes de feu rêvassent en bandes, les pieds dans l'eau. On dirait des taches blanches et rouges qui flottent, ou bien des fleurs énormes groupées par centaines ; mais les flamants sont très méfiants ; on ne les approche qu'avec les plus infinies précautions. Visiblement, le *Bugeaud* les inquiète, et finalement ils partent dans une envolée prodigieuse d'un merveilleux effet de couleurs, en laissant traîner derrière eux leurs pattes sanglantes, fines comme de fines branches coupées.

On peut m'en croire, c'est maintenant sans enthousiasme que j'irai revoir leurs congenères d'Europe qui se meurent d'anémie dans nos minuscules bassins du Jardin d'Acclimatation ou du Jardin des Plantes.

Ainsi que je viens de le dire, le flamant n'est pas un animal facile à surprendre. Sa vigilance est extrême, et, pour s'en emparer, les Arabes doivent user de stratagèmes nombreux.

Il en est un, entre autres, qui m'a paru telle-

ment extraordinaire, que je demande la permis-
sion de l'indiquer aux amateurs de cette chasse,
sans toutefois leur en garantir l'efficacité :

On prend une citrouille très verte. Après
l'avoir vidée, on perce l'écorce à l'endroit des
yeux, de la bouche et du nez, puis le chasseur
s'en coiffe et entre jusqu'au cou dans l'eau du
lac.

Bientôt, les flamants attirés par ce légume
flottant, viennent pour le becqueter. C'est alors
qu'on les saisit par les pattes, et que l'on s'en
rend maître. Il paraît que les indigènes prati-
quent cette chasse avec beaucoup d'adresse.

Nous laissons à notre droite le joli village de
Sidi-Bou-Saïd, gracieusement endormi sur son
promontoire, puis les ruines éparses et colossales
de la vieille Carthage, dominées par la chapelle
où mourut saint Louis, et par la masse imposante
de la basilique nouvelle ; de l'autre côté, sur la
gauche, la Goulette, et vers le sud, le gigantesque Zaghouan qui émerge de la ligne sinueuse
des monts, noyés dans les vapeurs flottantes.

L'explorateur Blanc me montre au passage
l'ancienne demeure du capitaine Driant, gendre
du général Boulanger, coquettement assise sur le
bord du lac, mais exposée à toutes les ardeurs
d'un soleil tropical.

Maintenant, le capitaine habite une villa très

ombragée, cachée sous les fleurs, — et quelles fleurs ! — près du Château-d'Eau, tout en haut de la ville, d'où l'on découvre un merveilleux panorama.

Nous arrivons dans le port. Le *Maréchal-Bugeaud* jette l'ancre et nous voyons se diriger vers nous à force de rames une baleinière portant M. Revoil, résident général adjoint, lequel, en l'absence de M. Millet, vient recevoir les ministres à bord du grand paquebot.

Il est accompagné du général Valensi, représentant Son Altesse le Bey, un des personnages les plus aimables et aussi les plus chamarrés de la Régence, dont la poitrine est constellée de décorations, au milieu desquelles se détache la croix d'officier de la Légion d'Honneur.

Les présentations terminées, nous nous embarquons sur des canots qui doivent nous transporter au warf, mais les ministres sont depuis longtemps arrivés à destination, que nous sommes encore à bord, nous bousculant pour pouvoir prendre place dans les embarcations mises à notre disposition.

Il en résulte un certain trouble et un vif mécontentement parmi ceux qui, comme moi, sont chargés d'une mission que le plus petit retard peut compromettre.

Enfin, nous débarquons à notre tour au milieu

d'une foule bariolée, haillonneuse et tannée, mais pittoresque et belle à voir dans ses burnous flottants et ses draperies multicolores.

Il est six heures du soir. La traversée de Marseille à Tunis a duré exactement trente-et-une heures.

Mais je n'ai pas le temps de prêter beaucoup d'attention à tout ce qui m'entoure. Il me faut sauter dans une voiture et me faire conduire rapidement au palais de « Dar-el-Bey », où le souverain nominal du Protectorat est en train de recevoir les personnages officiels et leur suite.

J'arrive au moment où tout le monde sort, mais à temps quand même pour apercevoir le Bey, beau vieillard de quatre-vingt-deux ans, au visage encadré d'une magnifique barbe d'argent, que le bronze du masque rend plus blanche encore.

Je revins le lendemain visiter ce palais, dont le général Valensi me fit les honneurs. Il possède quelques plafonds que décorent de gracieuses arabesques, et de jolies salles, entre autres la salle du Conseil et la salle du Trône ; mais ces salles sont meublées avec un mauvais goût désespérant. Il s'y trouve trop de pacotille, trop de dorures, et, à côté de choses assurément remarquables, on voit, par exemple, d'abominables pendules en cuivre religieusement conservées sous des globes qui rappellent, à s'y méprendre, ceux qui recouvrent les couronnes de mariées dans nos campagnes normandes et bretonnes.

Je ne sais plus si c'est à « Dar-el-Bey » ou au Bardo que j'ai compté dix-sept de ces pendules dans une même salle !... Et aucune ne marche !

C'est au palais de Dar-el-Bey que je fus reçu par le premier ministre de Son Altesse, un homme d'une grande valeur, et un fin diplomate. Nous échangeâmes quelques paroles, que le général Valensi traduisit, et, en me serrant la main, le ministre voulut bien me dire « qu'il était heureux d'avoir eu l'occasion de faire la connaissance du secrétaire de la première Agence télégraphique du monde ! »

J'espère que, maintenant, on ne lui contestera plus ce titre...

Je n'ai nullement l'intention, dans ce récit crayonné à vol d'oiseau, de revenir sur les réceptions officielles qui se sont succédé pendant huit jours dans les principales villes de la Régence, cette partie du voyage étant suffisamment connue par les journaux d'alors, qui ont à peu près tous reproduit mes télégrammes adressés à l'*Agence Havas*.

Je ne m'occuperai donc aujourd'hui que du seul côté « physionomie ».

Après la réception au palais de « Dar-el-Bey », les ministres se rendirent..., au fait, je ne sais plus où ; probablement à la Résidence, où il y avait dîner et réception.

Mais ce que je sais bien, c'est que je ne les suivis pas. C'est à peine si je fis, le tantôt, acte de présence dans les salons de l'avenue de France pour saluer M. Revoil, et tâcher de me procurer les discours prononcés par le ministre de la Justice et S. A. le Bey.

Oh ! ces discours ministériels ! quel cauchemar pour un journaliste !

A minuit, je rentrais à bord du *Maréchal-Bugeaud*, que beaucoup de mes confrères avaient déserté...

III

*Dans les rues de Tunis. — Types et costumes. —
Les femmes que l'on cloître et les femmes que
l'on engraisse. — Le « roumi » n'est pas reçu ! —
Fantômes errants. — Les Souks. — Aperçu
général. — Gare aux poches ! — Le ministre
des Finances écorché vif.— Le Souk des parfums
(une surprise).— Le Souk des libraires. — On
ne touche pas aux livres sacrés ! — Boucheries
indigènes. — Le barbier-médecin. — Cafés
maures. — Le tabellion arabe.*

L E 21 avril, lendemain de notre arrivée à
Tunis, les Ministres et une partie des invités
de la Résidence allèrent explorer les ruines de
Carthage, ce qui me permit de rester à Tunis,
que je pus visiter dans ses recoins les plus
intéressants, grâce à l'amabilité du directeur de
nos services dans cette ville.

Tunis monte en pente douce et porte à son

sommet, comme une reine son diadème, sa
citadelle : la Casbah, et le palais de ses princes :
le « Dar-el-Bey », dont je viens de parler.

Elle conserve encore son inutile ceinture de
remparts, sans doute par un caprice de vieille
qui tient à ses parures démodées.

Mais pour bien en découvrir l'ensemble, il
faut monter jusqu'au Belvédère, d'où la vue
est véritablement merveilleuse.

Guy de Maupassant en a fait une très exacte
et très belle description dans sa *Vie errante* :
« Les Arabes comparent Tunis à un burnous
étendu, dit-il, et cette comparaison est juste.
La ville s'étale dans la plaine, soulevée légèrement par les ondulations de la terre, qui font
saillir par place les bords de cette grande tache
de maisons pâles d'où surgissent les dômes des
mosquées et les clochers des minarets. A peine
distingue-t-on, à peine imagine-t-on que ce sont
là des maisons, tant cette plaque blanche est
compacte, continue et rampante. Autour d'elle,
trois lacs qui, sous le dur soleil d'Orient, brillent
comme des plaines d'acier ; puis, en remontant
vers le Nord, la mer, le golfe profond, pareil
lui-même à un lac dans son cadre éloigné de
montagnes. . . . .

« Par un jour de plein soleil, la vue de cette
ville couchée entre les lacs, dans ce grand pays

que ferme au loin le sombre Zaghouan, est la plus saisissante et la plus attachante peut-être qu'on puisse trouver sur le bord du continent africain. »

Tunis est une ville saine, très saine, malgré l'air infect qu'on y respire. C'est peut-être l'endroit où sévissent le moins toutes les maladies ordinaires de nos pays.

Cela paraît invraisemblable, mais cela est. Sur cette terre que pas un arbre n'abrite et ne rafraîchit de son ombre ; dans ce pays, plaine basse et torride sous le soleil d'été, marécage immense sous les pluies d'hiver, les hôpitaux sont vides.

Cette salubrité ne peut être attribuée qu'à la pureté parfaite de l'eau.

Tunis a trois parties bien distinctes : la partie française, la partie arabe et la partie juive.

Citons encore Maupassant, ce maître incomparable dans l'art des descriptions, cet observateur subtil doublé d'un puissant penseur, qui n'hésitait pas à affronter les périls du désert pour en décrire sur place les troublantes sensations.

« En vérité, Tunis n'est ni une ville française, ni une ville arabe ; c'est une ville juive. C'est un des rares points du monde où le juif semble chez lui comme dans une patrie où il est le maître presque ostensiblement, où il montre une

assurance tranquille, bien qu'un peu tremblante
encore.

« C'est lui surtout qui est intéressant à voir, à
observer dans ce labyrinthe de ruelles étroites
où circule, s'agite, pullule la population la plus
colorée, bigarrée, drapée, pavoisée, miroitante,
soyeuse et décorative de tout ce rivage oriental.

« Voici des burnous de cachemire ondoyants
comme des flots de clarté, puis des haillons
superbes de misère, à côté de gebbas de soie,
longues tuniques tombant aux genoux, et de
tendres gilets appliqués au corps sous les vestes
à petits boutons égrenés le longs des bords. Et
ces gebbas, ces vestes, ces gilets, ces haïks
croisent, mêlent et superposent les plus fines
colorations. Tout cela est rose, azuré, mauve,
vert-d'eau, bleu-pervenche, feuille-morte, chair-
de-saumon, orangé, lilas-fané, lie-de-vin, gris-
ardoise.

« C'est un défilé de féerie, depuis les teintes les
plus évanouies jusqu'aux accents les plus ardents,
ceux-ci noyés dans un tel courant de notes dis-
crètes que rien n'est dur, rien n'est criard, rien
n'est violent le long des rues, ces couloirs de
lumière qui tournent sans fin, serrés entre les
maisons basses, peintes à la chaux.

« A tout instant, ces étroits passages sont
obstrués presque entièrement par des créatures

obèses, dont les flancs et les épaules semblent toucher les deux murs à chaque balancement de leur marche. Sur leur tête, se dresse une coiffe pointue, souvent argentée ou dorée, sorte de bonnet de magicienne d'où tombe par derrière une écharpe. Sur leurs corps monstrueux, masse de chair houleuse et ballonnée, flottent des blouses de couleurs vives. Leurs cuisses informes sont emprisonnées en des calçons blancs collés à la peau. Leurs mollets et leurs chevilles, empâtés par la graisse, gonflent les bas. Elles vont à petits pas pesants, sur des escarpins qui traînent, car elles ne sont chaussées qu'à la moitié du pied ; et les talons frottent et battent le pavé. Ces créatures étranges et bouffies, ce sont les juives, les belles juives ! »

Tout cela est d'une exactitude scrupuleuse. J'ajoute que, dès qu'approche l'âge du mariage, l'âge où les hommes riches les recherchent, les fillettes d'Israël rêvent d'engraisser, car plus une femme est lourde, plus elle fait honneur à un mari, et plus elle a de chances de le choisir à son gré. A quatorze ans, à quinze ans, elles sont, ces gamines sveltes et légères, des merveilles de beauté, de finesse et de grâce avec leur teint pâle, un peu maladif, d'une délicatesse lumineuse, et leurs grands yeux sombres !

Puis, elles songent à l'époux. Alors commence

l'inconcevable gavage qui fera d'elles des monstres. Immobiles maintenant, elles passent les
journées entières à manger des pâtes épaisses
qui les enflent incroyablement. Les seins se
gonflent, les ventres ballonnent, les croupes
s'arrondissent, les cuisses s'écartent, séparées
par la bouffissure ; les poignets et les chevilles
disparaissent sous une lourde coulée de chair.
Et les amateurs accourent, les jugent, les comparent, les admirent comme dans un concours
d'animaux gras. Voilà comme elles sont belles,
désirables, charmantes, les énormes filles à
marier.

Mais ce qu'il y a peut-être de plus extraordinaire encore à Tunis, que la juive dont je viens
de faire une rapide esquisse, c'est la Mauresque
et la femme arabe, qui restent cloitrées jusqu'à
la vieillesse dans des appartements dont les
fenêtres à larges balcons sont garnies de grillages
épais qui leur permettent de voir, ou plutôt,
d'entrevoir, sans jamais être vues elles-mêmes.
Ce n'est que lorsque le front de ces malheureuses
est sillonné de rides, que le temps a accompli
son œuvre dévastatrice, que leurs seigneurs et
maîtres leur permettent de quitter ces appartements pour se mêler à la foule grouillante des
rues ; mais elles ne peuvent sortir que le visage
complètement recouvert d'un voile noir, et le corps

enveloppé d'étoffes de mousseline blanche. C'est
à peine si, en passant près d'elles, on peut dis-
tinguer une petite ouverture par laquelle s'aper-
çoivent deux yeux que les ombres du tombeau
dans lequel elles ont passé les trois quarts de
leur misérable existence, n'ont pas encore tout
à fait éteints. Cependant, j'ai vu sous ce masque
noir d'autres yeux qui brillaient comme des
escarboucles, et qui n'auraient pas demandé
mieux que de se découvrir, dans le mystère de
l'alcôve, devant un musulman désireux de sa-
vourer les délices du paradis de Mahomet, mais
jamais devant un « roumi », auquel ces faveurs
sont toujours refusées......

L'accoutrement de ces femmes est bien ce qu'il
y a de plus étrange, et je me rappellerai toujours
mon saisissement lorsqu'en traversant les rues
de Tunis au galop de nos petits chevaux arabes,
le jour de notre arrivée, j'aperçus pour la première fois ces apparitions, qu'on prendrait pour
des ombres errantes se promenant dans leur
suaire.

Il en est d'autres, plus particulièrement des
Mauresques appartenant à la bourgeoisie, qu'un
immense haïk, jeté sur la tête, enveloppe également jusqu'aux pieds ; mais le voile noir qui
enserre le visage des premières est remplacé
chez celles-ci par une étoffe superbement brodée

qui tombe du front jusqu'aux genoux, et qu'elles sont obligées de tenir écartée avec les mains pour pouvoir respirer et marcher.

Mon excursion dans Tunis commença par les « Souks », ou bazars, longues rues voûtées ou recouvertes de planches mal jointes, par où le soleil glisse ses terribles rayons.

Il y a le Souk des fruits secs (je ne parle pas au figuré), le Souk des parfums, le Souk des tailleurs, celui des libraires, des selliers, du cuivre, des armes, des teinturiers, etc.

Les Souks sont, en même temps que la grande curiosité de la ville, le centre du travail, du commerce et de l'industrie tunisienne. Il est impossible de décrire ce coin de ville, ce fouillis de toutes choses, ces couleurs, ce mouvement, ces musulmans et ces juifs, accroupis sur le pas de leurs boutiques ou sur le comptoir de leur magasin, attendant avec la patience d'hommes pour lesquels le temps n'existe pas, le rare client indigène ou l'étranger de passage qu'ils dépouilleront avec entrain, s'il n'est au fait des habitudes de ces honnêtes marchands.

Notre ministre des Finances, M. Cochery, en sait quelque chose, lui qui laissa douze cents francs dans les Souks de Tunis, alors qu'il n'avait pas, de l'avis de tous, pour plus de quatre à cinq cents francs de pacotille indigène.

Si l'on vous demande cent francs d'un objet quelconque, n'en offrez pas plus de vingt. Vous l'aurez souvent pour ce prix, et toujours pour vingt-cinq.

Le bazar des frères Barbouchi est le plus connu des Souks, et aussi le plus fréquenté, sans doute à cause de la réputation dont il jouit, et qui est, à mon avis, étrangement surfaite, comme d'ailleurs le sont la plupart des réputations.

Pendant deux heures, je marchai dans ce labyrinthe, gagné par l'indolence des gens, engourdi, la tête vide, les yeux seuls occupés, constamment intéressés, au milieu du parfum des essences qui flotte dans l'air, de l'âcre senteur du romarin qu'on brûle, de l'odeur violente des cuirs, des relents de cuisines bizarres...

Nous passons, mon guide et moi, devant le Souk des parfums. Le marchand est là comme un Bouddha dans son temple, au milieu de cierges suspendus, qui font une auréole au-dessus de sa tête. Des boîtes, des caisses et des flacons d'où se dégagent des aromes pénétrants, encombrent sa boutique. Il nous appelle et nous vante longuement la qualité de ses produits ; finalement, je me laisse convaincre et lui prends trois grammes d'essence de rose, qu'il pèse comme si c'était de l'or, et cachette avec toutes sortes de précautions dans un joli petit flacon doré...

J'appris ce jour-là que l'essence de rose vaut deux francs le gramme. Inutile d'ajouter que je ne l'oublierai pas.

Méfiez-vous aussi de ces extraits de toutes sortes, qui ressemblent à une espèce de mastic brun ou jaunâtre dont on me mit une parcelle infinitésimale sur la main. Quand on a frotté ça avec le doigt, et que la chose est bien entrée dans les pores de la peau, il est impossible de s'en débarrasser, même à l'aide des plus énergiques lavages. Cette odeur fade, qui porte au cœur, a fait mon désespoir pendant plusieurs jours, ainsi que celui de mes voisins de table et de cabine.

Nous voici maintenant devant le Souk des libraires. Très curieux, le Souk des libraires. Il y a là un superbe musulman qu'on me dit être un personnage de marque, et c'est très respectueusement que je m'avance vers lui dans le but d'examiner ses vénérables « bouquins », car il y en a de très vieux à en juger par la couleur sale de leurs parchemins, et les taches dont ils sont maculés ; mais cet examen n'est pas aussi facile que je me l'étais figuré, car les livres que je vois rangés là sur des rayons plus ou moins poussiéreux, sont des livres liturgiques, que seuls les musulmans peuvent consulter et acquérir, et que nous autres, *chiens de chrétiens*, n'avons pas le droit de toucher du doigt.

Malgré tout, et après d'interminables pour-parlers entre mon cicerone et le grave marchand, il me fut permis d'en feuilleter un, qui ne m'intéressa que médiocrement puisqu'il était imprimé en caractères arabes, et ne contenait que des versets du Coran, auxquels, bien entendu, je ne compris rien du tout.

Il paraît cependant qu'on trouve dans ces échoppes de libraires, des manuscrits curieux d'une grande valeur. Je veux bien le croire, mais je leur préfère ceux de ma bibliothèque moderne.

Que dire de ma promenade à travers la ville ? Quelle plume pourra jamais décrire le pittoresque de ces coins entrevus où grouille une foule silencieuse dans une diversité de costumes dont le pinceau d'un maître pourrait seul donner une idée. Et les boutiques ? Ici, c'est l'étal d'un boucher, arabe ou juif, je ne sais, où sont entassés des monceaux de viande noire sur lesquels une armée de mouches s'est abattue. A côté, c'est une montagne de têtes de mouton toutes barbouillées de sang coagulé et de choses visqueuses. La chaleur a décomposé tout cela et l'air est infecté de la puanteur qui s'en dégage. Et cependant, cela s'achète, et cela se mange !!...

Voici maintenant une boutique de barbier. Il faut voir avec quelle gravité l'opérateur accomplit sa besogne ; avec quelle solennité il pratique une saignée ou arrache une molaire, car le barbier cumule toutes ces professions, avec celles d'ailleurs beaucoup plus élevées de médecin et de chirurgien.

Il va sans dire que le patient fait quelquefois la grimace, surtout lorsqu'on lui arrache la barbe au lieu de la lui couper, ou quand on le saigne avec une lancette dont le fil est par trop émoussé, ce qui arrive souvent.

Comme ces sortes d'opérations se font généralement dans la rue, sur le seuil des portes ou dans un renfoncement extérieur quelconque du mur de la maison, tout le monde peut y assister. Je recommande ce spectacle aux étrangers de passage à Tunis, dans la conviction qu'il les intéressera.

Il faut voir aussi les cafés maures : une devanture ouverte à tous les vents, un long couloir avec un banc de bois ou de maçonnerie ; du côté opposé et dans le fond de la salle, un exhaussement plus ou moins bien nivelé, recouvert de tapis crasseux ; dans un angle, un fourneau toujours entretenu sur lequel frissonne en bouillonnant l'eau qu'à toute entrée nouvelle verse le kaouadji dans de petits récipients, sur la poudre parfumée d'un moka finement pulvérisé. Tel est le café maure.

Comptez les paires de babouches rangées à

terre : vous aurez le chiffre de la clientèle accroupie ou à moitié couchée. « Les extrêmes se coudoient dans cette cohue, dit notre excellent confrère, M. Pavy, de la *Dépêche tunisienne*, dans sa *Tunisie d'aujourd'hui*. — Le nègre de Bornou et l'enfant du Magreb, le vieillard à barbe blanche, d'une physionomie aussi impassible que le fatalisme de l'Islam, et l'éphèbe au teint mat, aux grands yeux toujours humides, aux longs cils recourbés. Ici, des figures qu'on dirait moulées dans la cire ; là, d'autres figures qu'on croirait fabriquées en terre cuite ; de beaux turbans de soie blanche étayant des rubans tristement affalés ; de riches burnous mêlés à des loques sans couleur et sans nom ; le bleu, le gris, le marron s'enchevêtrant dans une promiscuité touchante, retombant pêle-mêle au-dessous des visages sans expression, sur des bustes sans jambes, se déroulant en plis abondants dans un lourd silence et dans un nuage perpétuel où l'âcre fumée du tabac s'associe à la fumée nauséabonde et empoisonnée du kif. »

De temps à autre, en effet, circule parmi cette assemblée muette, qu'un conteur vient seulement distraire parfois, une pipe d'une petitesse extrême, au long tuyau de bambou, que termine un morceau d'ambre. Le kif, racine de chanvre desséchée, remplit ce calumet, fume sous le charbon qui le consume et conduit, à travers des rêves enchantés, les malheureux passionnés pour les bouffées enivrantes, au marasme, à la folie, à la mort.

Il me faut dire aussi un mot du notaire arabe, et de son installation. Dieu ! qu'il y a loin de son étude aux études somptueuses de ses collègues d'Europe. Pas de bureaux en palissandre, pas de riches écritoires, pas de bibelots rares, pas de luxueux appartements. Simplement une cellule puant l'humidité, sans porte ni fenêtre, de quelques mètres carrés, tapissée de nattes. Ils sont là, le notaire et son clerc, assis sur l'alfa tressé, écrivant sur leurs genoux, avec le roseau taillé qui leur sert encore de plume. Devant eux, un pupitre surchargé de rouleaux poudreux et de feuilles timbrées. C'est tout.

Le client attend son acte dans la rue s'il n'aime mieux l'attendre au café maure voisin.

Y a-t-il à Tunis des huissiers arabes ? Je n'en ai pas vu. Du reste, à quoi bon ? Tout le monde n'est-il pas *saisi* d'étonnement à la vue des curiosités de cette ville étrange ? Les huissiers n'ont vraiment rien à faire là...

IV

Les chameaux dans les rues. — Coup d'œil pittoresque. — Une école arabe. — Peaux de biques et porteurs d'eau. — Au Bardo. — Les salles du Sérail. — Le trône du Bey. — Je scandalise un gardien. — La salle des condamnés à mort. — La place des exécutions. — L'escalier des lions. — Sur le dos du roi du désert. — La prière du Muezzin. — Le traité du Bardo. — Karakouz au Café des marabouts.

Tour en déambulant par les rues, fatigués de notre course, accablés par la chaleur, nous passons devant nombre de mosquées dont les portes demeurent hermétiquement closes, les « infidèles » n'y ayant pas accès. Mille choses m'intéressent cependant, que je voudrais voir de près, examiner à loisir, mais l'heure passe et il faut penser au retour, car la table du bord n'attend pas.

Nous nous acheminons vers le port par les rues de la ville arabe, qu'il nous faut traverser presque d'un bout à l'autre. De bonnes bêtes de chameaux, à l'œil mélancolique et doux, tout chargés de provisions ou de marchandises, nous font escorte, marchant à nos côtés d'un pas lent et régulier, en balançant leur grosse tête au bout de leur long cou. D'autres nous précèdent, d'autres nous suivent, ainsi qu'un tas de petits bourricots montés par des Arabes dont les jambes grêles et noires traînent à terre. Enfin, de robustes mulets, au poil hérissé, les oreilles dressées, qu'excitent inutilement les cris de leurs maîtres, encombrent les chaussées sans trottoirs où nous avons peine à nous frayer un passage.

Bousculés par les bêtes et par les gens, qui n'ont décidément ni les uns ni les autres le respect de l'Européen, nous atteignons un carrefour d'où nous percevons une espèce de mélopée berceuse qui attire mon attention.

Ce sont les élèves d'une école arabe, qui, accroupis sur des nattes en face de leur maître, un parchemin graisseux entre les doigts, apprennent et récitent des versets du Coran, qu'ils répètent d'une façon nasillarde, en les scandant d'un balancement de corps machinal dont la monotonie fatigue.

C'est avec cela que l'on abrutit ces pauvres enfants !

Les maisons des quartiers indigènes n'ont pas d'eau. Leurs habitants sont obligés d'avoir recours à des porteurs qui vont la chercher aux fontaines, le plus souvent très éloignées, dans des peaux de chèvre ou de mouton non débarrassées de leur poil ou de leur laine, et dont la plupart n'ont reçu aucune préparation préalable. A voir passer ces pauvres diables dans leurs loques miséreuses, dans les rues de Tunis, avec leurs outres sanguinolentes et toutes gonflées sur le dos, on a le haut-le-cœur...

L'après-midi de cette fatigante journée fut consacrée à la visite du Bardo.

L'ancienne résidence d'hiver des Beys, aujourd'hui presque abandonnée, est à trois kilomètres de la ville. On s'y rend généralement en voiture ou par le chemin de fer, car la route est chaude, même en avril, et il serait imprudent à un Européen de vouloir la faire à pied.

Les dépendances du Bardo sont actuellement en démolition, et c'est dans leurs ruines que j'ai trouvé un boulet dont j'ai fait don au musée de l'Ecole normale d'Auteuil, où il a obtenu les honneurs d'une vitrine, avec mention de provenance.

Comme au Dar-el-Bey à Tunis, il y a de jolies salles au Bardo. Les plus intéressantes sont certainement celles du sérail, où l'on re-

marque de magnifiques mosaïques trouvées à
Sousse, et des plafonds de véritable dentelle. Il
y a certes là des merveilles bien faites pour
retenir l'attention d'un amateur des choses de
l'Orient.

Le trône du bey étincelle de dorures ; il occupe toute la largeur d'une profonde galerie
dont la porte se trouve sur un côté de la cour du
sérail. Ce trône me tendait les bras de façon si
engageante, que je ne résistai pas au désir de
l'occuper, ne fût-ce qu'une seconde, ce qui scan-
dalisa fort le brave indigène préposé à la garde
intérieure du palais, mais bah !

D'ailleurs, mon cicerone lui expliqua que
« ça ne faisait rien du tout de s'asseoir là plutôt
qu'ailleurs, du moment qu'il s'agissait d'un
invité de la Résidence ».

Le digne homme parut goûter ce raisonnement,
car son visage prit tout de suite une expression
plus radoucie.

Il est encore une autre salle très curieuse et
très belle, mais dans laquelle on n'entre pas sans
un certain frisson : c'est la salle dite des condamnés à mort.

C'est là que sont amenés, entre des hommes
de police ou des soldats indigènes, ceux que le
bourreau attend. Ils ne font d'ailleurs que passer
pour entendre le Bey prononcer ces paroles

fatales qu'accompagne un léger geste de main :
« Puisque tu as tué, tu dois mourir ! »

Après quoi, les malheureux sont conduits, par
une voûte sombre qui traverse le palais, au lieu
d'exécution.

Cette voûte débouche sur un chemin mal
entretenu, qui lui-même donne sur une vaste
plaine ensemencée d'orge au moment où je la vis.

Il n'y a qu'à traverser ce chemin et à franchir
un minuscule fossé pour se trouver sur la large
pierre blanche quadrangulaire, posée au ras du
sol, sur laquelle se dresse l'instrument du
supplice.

Cette pierre, dans laquelle sont creusés deux
trous destinés à recevoir les montants du gibet,
est envahie par les herbes et les fleurs des
champs. Autour d'elle, tout est gai, et les condamnés ne sauraient avoir un plus bel horizon
pour mourir, mais je doute que ce leur soit une
consolation au moment suprême.

On a beaucoup parlé de l'escalier des lions du
Bardo. J'avoue que je suis resté bien indifférent
à la vue de ces marbres sans expression, qui ont
cependant fait, paraît-il, l'admiration de nombreux visiteurs.

Cela ne m'empêcha pas de grimper sur le dos
de l'un d'eux, et de me faire photographier dans
cette pose « héroïque » par un amateur de notre
caravane.

Pour donner plus de couleur locale à l'épreuve, j'aurais voulu m'adjoindre un petit Arabe, qui m'avait à plusieurs reprises fait ses offres de service comme guide; mais, malgré toute mon insistance, il s'y refusa énergiquement, prétextant que sa religion lui interdisait de laisser reproduire ses traits soit par le crayon, soit par la photographie. Il me fallut donc renoncer à mon projet.

C'est en sortant du Bardo (ce qu'il y a encore de pendules là-dedans!) que j'entendis pour la première fois depuis mon arrivée à Tunis, l'appel à la prière du muezzin. On sait qu'à certaines heures du jour, le muezzin, perché sur sa tour comme les cigognes sur les cheminées d'Alsace, se tourne successivement vers les quatre points de l'horizon, et prononce des paroles que je n'entendis pas, mais que l'on me dit être celles-ci : « Dieu est grand ! Dieu est grand ! et Mahomet est son prophète ! »

Pauvre muezzin ! ce qu'il devait avoir chaud sur son minaret, dans son épais burnous de laine blanche !

Je dois dire en passant que ce n'est pas au Bardo, comme on le croit généralement, que fut signé le traité du 12 mai 1881, qui donnait la Tunisie à la France, mais bien au palais de K'Sar-Saïd, sur une table devenue historique,

que l'on montre aux visiteurs qui en font la
demande.

Ce palais, tout voisin du Bardo, est un immense
bâtiment sans architecture et sans goût, dont la
seule vue extérieure me suffit. Je fis immédiatement tourner bride à mon cocher maltais (tous
les cochers sont Maltais, là-bas) et rentrai à
Tunis.

Faut-il dire maintenant où je passai la soirée
de ce jour, en compagnie de quelques confrères
et de l'explorateur Blanc, auquel tous les bons
coins du Tunis ignoré sont connus depuis de
longues années ?

J'allai voir *Karakouz !*

Il était dix heures ; je grillais une dernière
cigarette sur le pont du *Maréchal-Bugeaud*
avant de regagner ma cabine, quand un Arabe
me fit demander par le commissaire du bord.

Cet Arabe me remit une carte sur laquelle je
lus, à mon très grand étonnement : « Cet indigène vous amènera. — BLANC. »

J'endossai mon pardessus, car les nuits sont
excessivement fraîches en Tunisie, et il y a
beaucoup de précautions à prendre, et fis ce que
me disait Blanc : je me laissai amener par
l'indigène.

Après avoir passé la porte de France, où finit
la ville française, nous pénétrâmes dans la ville

arabe. Mon guide, qui marchait à une allure très rapide, me fit prendre des ruelles silencieuses, des impasses innommées, si étroites qu'en étendant les bras, j'aurais pu toucher les deux murs.

Il y avait déjà plus de vingt minutes que nous allions ainsi dans la nuit, seuls dans ce labyrinthe où ne se percevait aucun bruit, où âme qui vive ne circulait ; nous allions, dis-je, sans prononcer une parole, et je commençais à être d'autant plus inquiet que j'étais porteur d'une assez forte somme. A chaque instant, je tâtais mon portefeuille et fouillais des yeux les recoins de murs, les renfoncements d'où pouvait venir une attaque soudaine. Mais qu'aurais-je pu faire sans armes dans un tel endroit et si loin de toute protection ?

Nous arrivâmes enfin à l'extrémité d'une rue fermée par une grande et lourde grille. L'Arabe, évidemment au courant des êtres, passa le bras entre les deux premiers barreaux et fit un signal d'appel, mais personne ne répondit. Il fallut renouveler ce signal à cinq ou six reprises et parlementer pendant dix minutes avant de voir s'ouvrir la porte, qui se referma tout de suite sur nous avec un bruit sinistre.

J'avoue qu'à ce moment, quitte à passer pour un poltron, j'eusse beaucoup mieux aimé me trouver à bord du *Maréchal-Bugeaud* qu'avec mon Arabe, au milieu de l'obscurité, dans ce quartier perdu où personne n'aurait pu me secourir en cas de danger.

Etant données les circonstances, ces craintes étaient peut-être excessives, ridicules même, je le reconnais, mais il n'est pas toujours possible de se défendre de cette appréhension de l'inconnu qui étreint quelquefois les plus braves, sans que cette appréhension soit justifiée.

Après avoir fait quelques pas dans l'*in pace* où nous venions d'entrer, j'aperçus enfin à notre droite un long couloir, à l'extrémité duquel brûlait un lumignon fumeux.

Nous nous engageâmes dans ce couloir, et, deux minutes après, je faisais mon entrée dans un café maure, dit Café des Marabouts, à cause des trois tombes rangées dans un angle, où trois saints dorment leur dernier sommeil.

C'est là que m'attendait Blanc, avec quelques-uns de mes confrères de Paris, affalés sur des tapis usés, buvant un abominable café arabe dans des tasses minuscules, et fumant... du kif dans des chibouks plus minuscules encore.

On jouait *Karakouz*, et la représentation était commencée depuis longtemps déjà.

Mais il n'est pas facile d'expliquer Karakouz, car c'est un bien vilain bonhomme, dont l'éducation et les mœurs laissent fort à désirer. Il

apparaît comme une ombre chinoise, sur un écran
de toile blanche, éclairée par une lumière quelconque, lampe ou bougie, avec des gestes
particulièrement indécents. Les tableaux les plus
obcènes se succèdent pendant près de deux
heures, sans qu'on puisse se rendre exactement
compte de quoi il s'agit. Ce que l'on peut comprendre, c'est que tout le monde, hommes,
femmes et enfants sont l'objet des... attentions
de Karakouz, auprès duquel les Grecs de *Lysis-
trata* n'étaient que des pygmées. Karakouz ne
respecte même pas les hauts dignitaires de
l'Etat. Les ministres, le Bey lui-même ne trouvent
pas grâce devant la lubricité de cet extraordinaire
personnage. Je dois cependant déclarer que je
n'ai pas vu cette espèce de couronnement de la
pièce, car il avait été supprimé du programme
quelques mois auparavant, par un arrêté de police.

Ces spectacles intéressent beaucoup les Arabes,
qui n'en perdent pas un détail. Ils en soulignent
même volontiers les « bons endroits » par des
rires silencieux qui marquent leur contentement.

Si c'est là tout l'idéal de ces pauvres gens, ils
sont vraiment à plaindre !

V

*Départ de Tunis. — Nuit d'Orient. — Fanfare à
bord. — Le cap Bon. — Sousse. — Départ pour
Sfax. — L'arrivée dans le chenal. — La voie
triomphale. — Coup d'œil féerique.*

L E 21 avril, à onze heures du soir, par une
mer immobile et une nuit comme on n'en
voit que dans ces pays d'Orient, nuit molle et
langoureuse, sablée d'étoiles, que le disque lu-
naire auréolait des scintillements de son or pâle,
le *Maréchal-Bugeaud* levait l'ancre et faisait
route pour Sousse aux accents d'une musique
militaire, celle du 4e Zouaves, prise à bord en
vue des fêtes de Sfax.

Oh ! cette musique sur cette mer et sous ce
ciel, dans le calme de cette nuit captivante ! —
quelles exquises sensations elle nous a procurées !

Le passage du cap Bon, sans doute ainsi ap-

pelé parce qu'il est généralement mauvais, se fit
dans d'excelientes conditions, et le lendemain, à
neuf heures du matin, nous mouillions en rade
de Sousse.

Sousse n'a pas encore de port, mais on tra-
vaille à lui en construire un, que la Résidence
espére bien inaugurer dans deux ans, ce dont je
serais enchanté puisque j'aurais peut-être de
nouveau l'occasion de revoir une des villes qui
m'ont le plus charmé au cours de mon voyage en
Tunisie.

C'est sur de larges mahonnes, traînées par de
puissants remorqueurs, que nous nous rendîmes
à terre. Aussitôt débarqué, je courus au télé-
graphe pour expédier à l'*Agence Havas* une
dépêche enthousiaste qui se terminait ainsi :

« Le temps est superbe, et de la rade on
admire la ravissante petite ville de Sousse, toute
pavoisée et toute baignée de soleil, qui s'étage
dans un véritable décor féerique. L'effet est
saisissant. »

Mais quelle description vaudra celle qu'en a
faite Guy de Maupassant ?

« Voici Sousse, dit-il. Je l'ai déjà vue, cette
ville ! oui, oui, j'ai eu cette vision lumineuse
autrefois, dans ma toute jeune vie, au collège,
quand j'apprenais les croisades dans l'*Histoire de
France* de Burette. Oh ! je la connais depuis si

longtemps ! Elle est pleine de sarrazins, derrière
ce long rempart crénelé, si haut, si mince, avec
ses tours de loin en loin, ses portes rondes et les
hommes à turban qui rôdent à ses pieds. Oh !
cette muraille, c'est bien celle dessinée dans le
livre à images, si régulière et si propre qu'on la
dirait en carton découpé. Que c'est joli, clair et
grisant ! Rien que pour voir Sousse, on devrait
faire ce long voyage. Dieu ! l'amour de muraille,
qu'il faut suivre jusqu'à la mer, car les voitures
ne peuvent entrer dans les rues étroites et ca-
pricieuses de cette cité des temps passés. Et sans
finir, elle recommence, à la façon d'un chapelet
dont chaque grain est un créneau et chaque
dizaine une tourelle, enfermant dans son cercle
éblouissant, comme dans une couronne de papier
blanc, la ville serrée dans son étreinte, et qui
étage ses maisons de plâtre entre le mur du bas,
baigné dans le flot, et le mur du haut profilé sur
le ciel...

« De place en place, un grand palmier passe
la tête entre les maisons et étale le bouquet vert
de ses branches au-dessus de leur blancheur
unie.

« Puis, quand la lune se lève, cela devient
une écume d'argent roulant à la mer ; un rêve
prodigieux de poète réalisé, l'apparition invraisemblable d'une cité fantastique d'où monte une
lueur au firmament. »

Je n'ajouterai rien à cet éloge mérité de Sousse, que Maupassant a si bien vue et si bien décrite.

Le soir du même jour, nous faisions route pour Sfax, et le lendemain 23 avril, à six heures du matin, après une traversée superbe, dans la grave splendeur et le grand silence d'une merveilleuse nuit d'Afrique, nous apercevions du large, dans la brume grisâtre du soleil levant, une longue ligne blanche, d'abord indécise, un peu plus accusée vers son centre, qui paraissait sortir des flots. Puis cette ligne s'accentua peu à peu, au fur et à mesure que nous avancions, et Sfax nous apparut dans sa beauté troublante, paresseusement couchée au bord de la mer, dans un cadre admirable, fait de verdure, de lumières et de couleurs.

Toutes les barques de pêche de la côte et des îles, très pittoresquement pavoisées, bariolées, leurs voiles carguées, attendaient le *Maréchal-Bugeaud,* rangées sur deux lignes de plusieurs kilomètres d'étendue, formant ainsi une voie triomphale telle que n'en eut jamais, aux jours les plus glorieux de Rome ou d'Athènes, flotte victorieuse.

Quand le navire qui portait les ministres fut entré dans le chenal, les milliers d'indigènes qui montaient ces barques, se livrèrent à des démonstrations enthousiastes, inclinant avec de grands

gestes, les drapeaux des mosquées, criant, chan-
tant, frappant à tour de bras sur leurs tambourins, et soufflant à perdre haleine dans leurs
fifres et leurs noubas.

C'est au milieu des crépitements d'une fusillade nourrie que le *Maréchal-Bugeaud* gagna le
port pendant que le canon tonnait au loin.

Il est impossible de décrire le pittoresque et
l'imposante majesté de notre arrivée à Sfax.

Une foule immense était massée sur les quais
où se balançaient des guirlandes de lanternes,
de ballons et de verres de couleur, au milieu
d'une profusion de drapeaux et de tentures tri-
colores. Et, pour compléter ce tableau magique,
des fanfares militaires, des cavaliers arabes en
burnous blancs, montés sur de fringants coursiers, des spahis sous les armes, des gendarmes
du Bey dans leur sévère costume bleu de ciel, des
fonctionnaires indigènes, des officiers tout chamarrés allant, gesticulant, donnant des ordres...
comment rendre ce spectacle si extraordinaire,
si rempli d'impressionnante réalité !

Enthousiasme exagéré, dira-t-on peut-être ;
écoutez M. Jacques Raymond, du *Soir :*

« Oh ! cette arrivée à Sfax, par le resplendis-
sant soleil du matin, avec, des deux côtés du
chenal nouvellement creusé, dans le scintillant
clapotis de la mer trop bleue, la haie pittoresque

et bruyante des barques bariolées, pavoisées, chamarrées de toute la gamme des tons clairs, et dans le fond la ville, couchée, toute blanche en sa profonde ceinture d'oliviers d'un vert sombre !... »

Ecoutez encore mon confrère des *Débats*, M. Gustave Babin :

« Nous allons de féerie en féerie, dans un ravissement continuel, dans un charme ininterrompu, sans chercher à pressentir quel spectacle de lumière et de beauté pourra bien, demain, après ce qu'aujourd'hui nous apporte d'émotion, nous arracher encore un cri admiratif ; renonçant à imaginer une joie plus aiguë ou plus subtile que la joie présente, hésitant à comparer le bon rêve actuel au rêve déjà passé. Pourtant, je crois que, dans nos mémoires, le souvenir de notre arrivée à Sfax demeurera précis et durable entre tous les souvenirs de cette charmante tournée. »

Sfax, ce vieux boulevard de la résistance à l'influence française, ce dernier refuge des Ali-Ben-Khalifa, qu'il nous fallut bombarder sérieusement pour le réduire en 1881 (s'en souvient-on encore en France ?...) est aujourd'hui une cité active et industrieuse de plus de vingt mille habitants, largement ouverte à notre domination économique, et qui est, plus que beaucoup d'autres points de la Régence, entrée vigoureusement dans la voie du développement agricole et commercial.

C'est de Sfax que nous viennent les éponges.

Cette ville est, comme Sousse et comme d'ailleurs toutes les autres villes de la Tunisie, entourée d'un mur d'enceinte remarquable. Il paraît que ces remparts des villes africaines ont été élevés dès l'origine pour préserver leurs habitants des razzias des pillards, ou des attaques des troupes du désert. A la nuit, on fermait les portes et la population pouvait dormir tranquille. Il n'est guère besoin d'ajouter que, depuis l'occupation française, il ne s'est plus produit aucune tentative de ce genre.

VI

*En route pour la « diffa ». — Abandonnés ! — A
mulet. — Sur le plateau du désert. — Les haies de
cactus. — Tableaux vivants. — Par crainte de
l'esclavage. — Que de mouton ! — Cave impro-
visée. — Pain rôti par le soleil. — En face de
l'objectif. — La méprise d'un confrère. — Comment
on fait s'agenouiller les chameaux. — Pas d'eau
pour le « roumi » !*

A dix heures du matin, la caravane quittait
Sfax pour se rendre dans la forêt d'oliviers
où une copieuse « diffa » était offerte aux invités
de la Résidence.

Une « diffa » est tout simplement un déjeuner
sur l'herbe, ou plus exactement sur le sable, car,
ainsi que l'on doit bien s'en douter, l'herbe est
rare aux approches du désert.

Des voitures, des chevaux, des mulets et des

ânes avaient été mis à notre disposition pour
nous transporter au lieu du rendez-vous situé à
vingt kilomètres de Sfax. Par prudence, je pris
place dans une voiture, le cheval arabe m'inspi-
rant quelques craintes malgré mes sympathies
pour lui, et le mulet et l'âne ne me disant pas
grand'chose au point de vue de l'équitation.

Beaucoup de mes confrères donnèrent cependant la préférence à ce mode de locomotion.

La route de Sfax à la forêt, si l'on peut appeler
cela une forêt, n'est carrossable que sur un
parcours de sept kilomètres; le départ s'accomplit
dans d'excellentes conditions, les ministres et
les personnages officiels occupant, comme de
raison, les voitures de tête, les invités venant
ensuite dans l'ordre prévu par le protocole, qui
ne perd jamais ses droits, même dans les pays
de protectorat.

De magnifiques cavaliers arabes, montés sur
des chevaux coquets, dont le bout de la queue
était rougi au henné, superbes sous leur harna-
chement de velours et d'or, ouvraient et fermaient
la marche; d'autres caracolaient à nos côtés, et
c'est dans un tourbillon de poussière aveuglante
que s'effectua la première partie de notre trajet.

Mais nous n'allâmes pas loin ainsi.

En quittant la route encaissée, nos voitures
s'engagèrent dans un chemin très accidenté et ex-

trêmement sablonneux où les roues s'enfonçaient
jusqu'au moyeu, et bientôt, nos bêtes, mal con-
duites par un cocher maltais sans expérience,
nous laissaient en panne. Sur vingt-trois voitures,
la nôtre était la onzième au départ, d'après
l'ordre établi, mais elle ne conserva pas longtemps
son rang, malgré l'étiquette du protocole. En
effet, nous n'étions pas au tiers de la route que
nous restions bons derniers, après avoir vu
défiler sous nos yeux attristés toute la queue de
la caravane.

A ce moment, je regrettai presque de n'avoir
pas choisi le cheval ou le mulet, mais je m'en
applaudis plus tard, malgré toutes mes décon-
venues.

A vingt reprises, nous fûmes obligés de descendre pour alléger notre véhicule et permettre
à nos malheureux chevaux d'avancer de quelques
pas. Mais bientôt cela ne suffit plus ; il fallut
marcher à pied et pousser aux roues de la voiture,
dont le fer brûlant nous cuisait les mains.

Nous étions ruisselants, à bout de forces et
passablement découragés. Fallait-il rester là,
attendre un secours problématique, ou détacher
quelqu'un d'entre nous pour aller à la recherche
de renforts au cas où l'on ne s'apercevrait pas de
notre absence, ce qui était à craindre puisque la
caravane se composait de plus de deux cents
personnes?

C'est cette dernière solution qui prévalut, et je partis en éclaireur avec Mme X..., femme d'un rédacteur de l'*Echo de Paris*, qui avait eu l'imprudence de nous accompagner dans cette pénible excursion.

Nous cheminions depuis quelques instants déjà, lorsque nous arrivâmes en face d'un douar habité par une troupe de nomades du désert.

Dès qu'ils nous aperçurent, tous se précipitèrent au-devant de nous en gesticulant et baragouinant avec une volubilité extrême et une attitude telle, que nous ne pûmes nous défendre d'un soupçon de crainte, bien injustifié d'ailleurs, car nous apprîmes au retour que ces indigènes aux cheveux crépus et presque noirs de peau, avec des tatouages sur la figure et jusque sur le nez, n'avaient eu que le désir de nous donner un moment l'hospitalité sous leur tente, et de nous offrir un rafraîchissement que nous eussions accepté avec d'autant plus d'empressement, que nous avions la gorge desséchée.

J'ai remarqué, parmi cette troupe, une merveilleuse jeune fille de quinze à seize ans, au port de reine et aux lignes d'une pureté remarquable. Elle avait des bracelets de cuivre aux chevilles et aux poignets, avec, sur la figure et le nez, les tatouages de rigueur. Au retour, elle suivit longtemps notre voiture pour avoir quelques

sous, que nous lui jetâmes et qu'elle s'empressa
de fourrer dans sa bouche, comme le font
d'ailleurs tous les petits indigènes arabes ou
autres de ces contrées.

Nous allions toujours, sur la route poudreuse,
sous le soleil de feu, nous demandant quand
notre course prendrait fin, lorsque, tout-à-coup,
j'aperçus, à quelques kilomètres, sur le sommet
d'une petite éminence, du côté où la caravane
s'était évanouie, une troupe de cavaliers arabes
qui se dirigeait vers nous dans un galop furieux.
Les burnous flottaient au vent, les chevaux
paraissaient raser le sol tant leur allure était
rapide. C'était sans doute le secours si impa-
tiamment attendu qui nous arrivait enfin...

Le tourbillon s'approche, grandit. Maintenant,
nous distinguons des armes, des fusils en travers
des selles ; j'entends des cris sauvages qui affolent
les chevaux et nous font passer un frisson.

C'est une avalanche qui se précipite sur nous,
mais un commandement bref retentit, et les cavaliers s'arrêtent net, dans un superbe mouvement
d'ensemble.

Une seconde, on se regarde sans prononcer
une parole, puis les Arabes mettent pied à terre
et s'avancent en nous regardant fixement dans
les yeux.

J'avoue qu'à ce moment, j'eus un nouveau
frisson...

Mais je compris vite qu'il n'y avait rien à redouter de ces hommes, certainement dépêchés à notre rencontre par les ministres ou par le résident général.

A l'aide d'une mimique que je tâchai de rendre aussi expressive que possible, je leur fis comprendre que la voiture à la recherche de laquelle on les avait sans doute envoyés, se trouvait enlisée dans le sable à quelques kilomètres en arrière.

Sans desserrer les dents, ils enfourchèrent de nouveau leurs montures, et repartirent au galop dans la direction indiquée.

Une demi-heure après, notre véhicule, tiré, poussé par les Arabes, nous rejoignait. Mais nous avions à peine repris notre place sur le cuir brûlant des coussins qu'un nouvel arrêt se produisait, malgré les « harrri, harrri borrra ! » des indigènes, et les « hu-hop-harri ! » de notre cocher maltais. Nos bêtes, fourbues, éreintées, ne voulaient plus donner un coup de collier.

Ce que j'en ai entendu de ces « harrri-borrra » ce jour-là !...

Finalement, j'abandonnai la voiture et montai sur un mulet, sans selle et sans étriers, qu'un Arabe mit à ma disposition, et c'est ainsi que je parvins à gagner, au pas, le plateau sur lequel on avait organisé la « diffa ».

Il était une heure de l'après-midi quand je fis

mon entrée sous la tente — entrée peu brillante, hélas !

La voiture finit par arriver aussi, amenant mes malheureux compagnons, devenus méconnaissables sous l'épaisse couche de poussière grise dont ils étaient recouverts !...

Comme je l'ai dit plus haut, la route qui va de Sfax à ce plateau, n'est terminée que sur une longueur de sept kilomètres. Le reste n'est qu'un mauvais chemin de traverse, à peu près impraticable quelle que soit la saison.

Dans les environs de Sfax, cette route et ce chemin sont bordés de haies de gigantesques cactus. Ce sont encore des haies de cactus qui séparent les champs dans la campagne. Enfin, les sentiers qui aboutissent des plaines à la route sont également ombragés par de magnifiques espèces de cette plante, dont les feuilles se rejoignent à sept ou huit mètres de hauteur, et forment des dômes de verdure pâle d'un merveilleux effet.

A notre passage, les petites indigènes venues pour « voir le cortège officiel », mais n'osant approcher dans la crainte d'être prises et emmenées en esclavage, montraient leurs jolies frimousses entre les jours laissés par les feuilles de cactus, qui leur faisaient un cadre charmant ; d'autres laissaient apercevoir une partie de leur

buste recouvert d'étoffes aux couleurs crues, qui
agrémentaient ce paysage monotone et gris d'une
note tout à fait pittoresque.

La « forêt d'oliviers » n'est, en réalité, qu'une
immense étendue de champs, très bien cultivés,
séchant au grand soleil leur glèbe rougeâtre, et
plantés d'oliviers de toute beauté, régulièrement
espacés de vingt-cinq mètres en tous sens.

Mais plus on avance, plus ces oliviers se font
petits, plus la plaine devient aride et plus le
désert se laisse soupçonner, désert de cailloux et
d'herbes miséreuses d'abord, puis ensuite, désert
de sable sur lequel le soc d'aucune charrue n'est
encore jamais passé.

J'ai remarqué, sur la route même, une fontaine
où s'abreuvaient des chameaux retour du travail ;
puis, de place en place, à droite et à gauche du
chemin, des cimetières musulmans aux tombes
plates, sans inscriptions et sans monuments ;
des citernes, immenses carrés de plâtre, au
milieu desquels on a pratiqué une aire en maçonnerie dont la concavité amène les eaux pluviales
vers un trou central. J'ai vu des chameaux
labourant, d'autres cheminant, avec, sur le dos,
des moutons vivants dans des paniers !! Il m'a
été impossible de savoir pourquoi ces douces
bêtes étaient ainsi portées par ces coursiers du
désert. Peut-être à cause de la chaleur de plus

de cinquante degrés qu'il faisait ce jour-là, et qui ne leur eût pas permis d'effectuer le long trajet qu'elles avaient sans doute à faire.

Mais retournons à notre « diffa ».

Une tente en poils de chameau, toute semblable à celle des douars, sauf les dimensions, est dressée sur l'immense plateau où la caravane est réunie. Tout autour de cette tente, dans un pêle-mêle inexprimable de voitures, de selles et d'objets de toutes sortes, s'agitent, vont et viennent une multitude d'Arabes dans leurs burnous blancs. La plupart sont accroupis au milieu des chameaux qui se reposent, des chevaux et des mulets harassés auxquels on ne peut même pas donner une goutte d'eau, alors que, de tous côtés, à perte de vue, se déroule le désert dans sa nudité sauvage et grandiose !

Mais pas plus que le protocole, l'estomac ne perd ses droits. Malheureusement, je fis une fois de plus cette expérience que les retardataires ont toujours tort, car c'est devant une table presque vide que je m'installai, exténué de fatigue et mourant de faim, sur un panier défoncé qui me servit de chaise.

Je dirai tout à l'heure quel rôle important joua ce siège improvisé vers la fin de la « diffa », où le mouton, ainsi qu'on va voir, était en abondance.

Que de mouton, bon Dieu ! que de mouton !

J'eusse préféré pouvoir dire, comme un célèbre maréchal : « que d'eau ! que d'eau ! » mais il n'en restait plus une goutte et nous en souffrîmes cruellement.

Voici le menu, tel qu'il fut servi : Plat de « chekchouka », qui est du mouton avec des œufs, des tomates et beaucoup de piment, beaucoup ; « el ham ben Kabbar », ou mouton aux câpres ; l'inévitable « couscous », avec des quartiers de mouton ; du « hallouch méchoui », ou mouton rôti au bout d'une lance, que l'on sert tel quel et que l'on mange avec les doigts, à même la broche. Il n'y a que la peau de bonne et, naturellement, chacun se la dispute. C'est le seul plat auquel j'aie touché, puisque des autres je n'ai rien vu, hélas !

J'essayai bien de me rattraper sur les pâtisseries ; mais allez donc manger des gâteaux au miel, à la rose, à un tas de choses qui peuvent sembler excellentes aux Arabes, mais qui nous tournent le cœur, à nous autres, Européens, dès que nous tentons d'y goûter.

Heureusement qu'il y avait les vins fins. Oh ! ces vins, quelle finesse d'arome ! quel délicieux parfum !

Ce sont eux qui sauvèrent la situation; malheureusement ils étaient bouillants...

Seize bouteilles étaient réservées à notre table,
dont huit de rouge et huit de champagne. Très
habilement, mon aimable confrère P. V..., ancien
chef de cabinet du ministre de l'Instruction pu-
blique, en subtilisa quatre de chaque sorte, que
l'on dissimula dans le panier sur lequel j'étais
assis, et nous fîmes bombance pendant que les
verres voisins étaient vides.

On ne fut pas sans se plaindre chez les cama-
rades, de la rareté de la boisson chère à Bacchus ;
mais personne ne soupçonna le « détournement »
dans lequel j'avais une large part de responsabilité, et dont nous nous amusâmes fort.

Un détail qui m'a frappé, et qui donnera une
idée de la chaleur qu'il faisait sous notre tente à
l'heure du déjeuner : le pain était friable comme
s'il avait été rôti par le feu d'un brasier !

La dernière coupe de champagne vidée, le
café pris, ou flâna un moment à l'abri (!) de la
vaste tente parfumée de lavande, de fleurs
d'oranger et de géraniums sauvages, puis d'au-
cuns s'étendirent sur les moëlleux tapis arabes
qui garnissaient la tente, pendant que d'autres
s'aventurèrent au dehors pour voir au loin fumer
la plaine endormie dans la torpeur du plein midi.

Naturellement, les appareils photographiques
furent de nouveau braqués, et tout le monde
passa devant l'objectif, qui à dos de chameau,

qui à mulet ou tout simplement par groupes
accroupis ou debout, dans les poses les plus
extraordinaires, avec, comme fond de toile, la
tente à grandes raies noires de la « diffa », ou
l'immensité du désert sur l'horizon duquel se
détachaient les gigantesques silhouettes des Arabes et celles de leurs montures.

A propos de photographie, j'ai oublié de men-
tionner un incident comique qui se produisit à
bord du *Bugeaud* pendant la traversée de Tunis
à Sfax, et qui nous égaya beaucoup :

L'un de mes confrères avait emprunté des
plaques photographiques à son ami M. A...,
lequel M. A... ressemble beaucoup, comme cor-
pulence, au ministre de la Justice.

C'était vers le soir, M. Darlan était accoudé
sur le bastingage du *Bugeaud*, regardant fuir
l'eau bleue et la mousse argentée produite par
l'étrave du paquebot, lorsque notre confrère
s'approcha de lui, et croyant parler à M. A...,
lui dit en lui frappant sur l'épaule : « Eh ! bien,
mon vieux, tu sais, tes plaques ne valent rien. »

« — Eh !, bien, mon vieux, je le regrette
beaucoup ! » lui répondit M. Darlan avec un
bon gros rire, en se retournant..., et tout le
monde de faire chorus avec le ministre.

Peu de personnes savent sans doute quel procédé emploient les indigènes pour faire age-

nouiller ou coucher leurs chameaux. Ce procédé est des plus simples : ils leur tirent sur la queue, et les bonnes bêtes tombent immédiatement sur les genoux, ce qui permet de les monter ou de les charger, selon le cas. C'est sur le plateau du du désert que je fis cette remarque pour la première fois.

Nous quittâmes la « diffa » à quatre heures du soir, pour rentrer à Sfax. La chaleur était encore forte, mais cependant beaucoup plus supportable qu'à l'aller. Dire combien de fois s'enlisa de nouveau notre voiture m'est impossible, mais une nuée d'Arabes nous accompagnait, et, dès que les chevaux s'arrêtaient, ils se précipitaient aux roues avec des cris assourdissants et des gestes fous, soulevaient le véhicule et lui faisaient reprendre un instant sa course, bientôt interrompue, hélas ! par un nouvel obstacle.

Détail à noter : l'explorateur Blanc, auquel les épices du déjeuner avaient donné une soif ardente, demanda un peu d'eau à une vieille Arabe rencontrée sur la route, accroupie à l'entrée de sa tente. — « Par Dieu, maître des mondes, je n'en ai pas ! » répondit-elle avec emphase, en mettant la main sur son cœur. Or, elle mentait, la vilaine sorcière, car les Arabes ont toujours de l'eau dans leur citerne ou dans leur puits à cette époque de l'année, mais nous n'insistâmes pas.

C'est là un trait caractéristique des sentiments professés par la généralité des indigènes à notre égard, car on ne doit considérer que comme une exception le fait que j'ai signalé plus haut.

A sept heures, tout le monde était de retour à bord du *Maréchal-Bugeaud,* mais il était facile de reconnaître ceux qui avaient fait l'excursion à cheval ou à mulet, tant leur démarche avait quelques chose d'hésitant et de pénible.

J'en sais, en effet, dont les souffrances étaient intolérables après cette course de cinquante kilomètres, sous un soleil de feu, perchés sur des selles arabes d'une largeur démesurée, qui leur tenaient les jambes dans une position dont eux seuls pourraient dire les inconvénients.

VII

Paroles inquiétantes. — Un « jettatore » à bord. — Incurie de la Police. — Tentative anarchiste. — Catastrophe évitée. — L'embargo sur les dépêches. — Mes conciliabules avec les ministres. — La consigne est de se taire.

Ici se place un incident d'une gravité exceptionnelle, incident sur lequel la presse a fait le plus absolu silence, sauf un seul journal, qui n'en a dit d'ailleurs que juste ce qu'il convenait pour donner le change au public au cas où le fait eût été révélé par quelque gazette indiscrète.

Il vaut la peine d'être raconté :

En quittant Tunis à bord du *Maréchal-Bugeaud*, je ne fus pas peu surpris d'entendre ces mots chuchotés à l'oreille du résident général adjoint : « Il paraît qu'il nous arrivera malheur avant d'avoir gagné Sousse ; on dit en

5

effet qu'il y a un « jettatore » parmis nous. »

Comme bien on pense, je fus vivement intrigué par ce bout de conversation, auquel le résident se contenta de répondre par un haussement d'épaules, mais il me fut aisé de surprendre sur sa physionomie une pointe d'inquiétude qui me frappa sérieusement.

Cependant, nous arrivâmes à Sousse sans que la fatale prédiction se fût accomplie, et, lors de notre débarquement à Sfax, deux jours après, j'avais complétement oublié la prophétie de malheur.

Je me la rappelai seulement le 23 au soir, pendant le dîner officiel à bord du *Bugeaud*, après notre retour de la « diffa ».

Les ministres et les invités venaient de se mettre à table, lorsque je remarquai des allées et venues, des conciliabules mystérieux qui précisèrent mes soupçons et ravivèrent mes craintes de l'avant-veille.

Il se passait certainement quelque chose de grave, mais quoi ?

Bientôt un double cordon de troupes vint se ranger sur le quai. Des soldats, baïonnette au canon, furent placés sur la passerelle du paquebot, dont l'accès fut formellement interdit à toute personne étrangère non munie d'un laissez-passer ou d'une invitation officielle.

Décidément, cela devenait inquiétant, mais je ne savais toujours pas de quoi il s'agissait.

Ce ne fut que le lendemain matin que je l'appris, alors que tout danger était conjuré.

Car nous avions réellement couru un danger sérieux, ainsi qu'on va le voir :

A Tunis, un individu que personne ne reconnut, s'était proposé au personnel du *Maréchal-Bugeaud* comme aide-cuisinier, et cet individu avait été embarqué pour la traversée de Tunis à Sfax, et retour.

Or, l'individu en question n'était autre que le frère d'un anarchiste exécuté place de la Roquette, il y a trois ans, pour un attentat commis à Paris, et dont le retentissement fut énorme.

Au moment de notre voyage en Tunisie, cet individu était le chef reconnu du parti anarchiste dans la Régence.

On le savait, mais on s'en inquiétait peu, et la Résidence n'avait pas cru devoir prendre de mesures spéciales en vue de l'arrivée des trois ministres en Tunisie.

C'est de Paris que vinrent les premiers avertissements.

Mais, quand ils arrivèrent à Tunis, nous étions depuis longtemps en mer... avec l'anarchiste à bord du *Bugeaud*.

Les renseignements de la Sûreté de Paris furent immédiatement retransmis de Tunis à la police de Sousse, où le *Bugeaud* devait être de bonne heure dans la matinée du lendemain.

A l'arrivée du paquebot, l'anarchiste fut « débarqué » avec une discrétion qui n'éveilla nuls soupçons, soit parmi l'équipage, soit parmi les passagers.

Mais, chose incroyable, la police, cependant prévenue de ses intentions, le laissa en liberté ! ce qui lui permit de revenir à bord dans la journée, sous un déguisement, dans le but de se faire embaucher de nouveau, afin de pouvoir se rendre à Sfax, où l'attentat devait vraisemblablement être perpétré.

Reconnu, on l'éconduisit, sans se préocupper autrement des projets qu'il méditait...

Le *Maréchal-Bugeaud* quittant Sousse dans la soirée, on supposa qu'il n'y avait plus rien à craindre du misérable.

On se trompait.

A Sfax, nous retrouvâmes l'anarchiste, qui rôdait sur les quais.

Là encore, on se contenta de le « filer », mais la « filature » fut si bien organisée qu'on le perdit de vue pendant une partie de la journée.

Il ne fut arrêté que le soir, au moment où il allait poser le pied sur le bateau pour mettre ses projets criminels à exécution.

C'est alors que se produisit l'incident que j'ai rapporté plus haut, et que la troupe fut chargée de la surveillance du *Maréchal-Bugeaud*.

Tout le monde savait, le lendemain, que nous avions été à deux doigts d'une catastrophe ; mais le secret fut bien gardé.

Néanmoins, je voulus signaler le fait à l'*Agence Havas*, par une dépêche qui le présentait sous une forme très atténuée.

Mais j'avais compté sans le *veto* du résident, qui avait pris des mesures pour arrêter tous les télégrammes faisant allusion à la tentative dont nous avions failli être victimes.

Voici, d'ailleurs, le texte de la dépêche déposée par moi au bureau télégraphique de Sfax dans la matinée du 24 avril. On verra que cette dépêche n'était guère subversive :

« Nous enregistrons, sous toutes réserves, bruits d'un attentat qui n'aurait été déjoué que grâce à vigilance résident adjoint. Les ministres supplient faire silence pour pas troubler fêtes dont éclat dépasse toutes espérances. On ne veut nous communiquer aucun renseignement ; mais tenons source certaine que tout danger est écarté. Je n'envoie pas cette information à Alger, vous laissant initiative. »

Ce télégramme fut aussitôt communiqué au résident général adjoint, M. Revoil, lequel me fit appeler pour me prier d'en effectuer le retrait.

Naturellement, je fis des objections, et une longue discussion s'engagea sur cette question entre le garde des sceaux, M. Revoil et moi.

M. Darlan était partisan de la publication de ma dépêche « avec quelques légères modifications dans sa rédaction » ; mais l'avis contraire du résident prévalut.

Il ne me restait donc plus qu'à m'exécuter, ce que je fis de très mauvaise grâce, on le croira sans peine.

N'avais-je pas à craindre, en effet, que l'un de mes confrères, au courant des choses, ne télégraphiât la nouvelle à son journal ? Dans quelle situation me serais-je alors trouvé, ainsi que l'*Agence ?*

On me répondra que la surveillance exercée sur les télégrammes au bureau de Sfax, devait m'ôter toute appréhension.

Mais est-ce que pour une information de cette importance, ce confrère ne pouvait pas se faire conduire soit à Sousse, soit à Gabès, pour la confier à un bureau où il n'aurait rien eu à redouter de la censure résidentielle ?

Cette éventualité ne se produisit pas, heureusement, et la tentative anarchiste de Sfax ne fut pas ébruitée.

Quant à son auteur, j'ignore ce qu'on en a fait et ce qu'il est devenu.

VIII

*La journée officielle.— Ce que c'est que le « sirocco ».
—« Voyez Havas ! »— Fantasia.— Chez le caïd.
— Départ de Sfax. — En vue des îles Kerken-
nah. — Retour à Sousse.*

VINGT-QUATRE avril ! C'est la grande journée,
la journée officielle qui comprend : l'inauguration du port, les discours, la remise des décorations, la pose de la première pierre de la ligne
de Sfax à Gafsa, la fantasia, le punch et les
banquets.

Mais c'est aussi la journée du sirocco ! Ah ! le
sirocco !

Il souffle depuis le matin avec une violence
extrême ; des trophées de drapeaux, des guirlandes de verres de couleur préparés pour les
illuminations, des lanternes vénitiennes qui se
balançaient hier avec tant de grâce aux grands

mâts plantés sur le port et sur les avenues, il ne
reste plus rien maintenant. Tout cela jonche le
sol lamentablement, emporté par des rafales
furieuses auxquelles rien ne résiste.

Si encore ces rafales nous procuraient un peu
de fraîcheur ! Mais c'est tout le contraire qui se
produit, car le sirocco ne souffle que du feu, en
même temps qu'il soulève d'énormes tourbillons
de sable brûlant, sable fin, impalpable, qui vous
cingle et vous aveugle, pénètre par les pores,
s'engouffre dans les oreilles, dans les narines,
dans la gorge qu'il dessèche.

Dieu ! ce que j'ai souffert pendant cette terrible
journée, avec mon « claque » sur la tête, et mon
habit sur le dos ! Ce que j'ai souffert, et dans
quel état était mon linge, le soir venu !

Elle fut d'autant plus pénible que tous mes
confrères s'abstinrent de télégraphier à leurs
journaux, ou plutôt, je me trompe : ils leur
télégraphièrent, mais simplement ces deux mots :
« Voyez *Havas !* » de sorte que toute la responsabilité du service retomba sur moi.

Je me souviendrai de Sfax !

Vers trois heures, eut lieu la fantasia, qui
nous permit d'admirer une fois de plus la grâce
vigoureuse et l'adresse souple des cavaliers
arabes, et des loques superbes, inondées de
soleil, et de beaux grands gestes, et des envols

de draperies qui sont un délice pour les yeux
préparés. « Cela se déroulait, — écrit Gustave
Babin, dont les descriptions seraient tout entières
à reproduire, tant elles sont saisissantes de réalité
dans leur style plein de charme, — cela se déroulait sur un grand polygone au bord de la mer,
presque sous les remparts au haut desquels pla-
fonnaient, silhouettes lumineuses sur un ciel
d'argent mat, des femmes voilées, des enfants en
guenilles voyantes. Les beaux Centaures passaient
un à un, ou bien couchés à demi l'un contre
l'autre, leurs gandouras et les caparaçons de
leurs montures flottant derrière eux comme la
chevelure d'un météore. Un galop furieux, un
éclair de couleur dans un nuage de poussière,
des coups de fusil et un ample mouvement du
bras nu, rejetant l'arme sur l'épaule ; puis on
voyait revenir le cavalier au pas de sa monture,
pas souple, rythmé comme une danse ; au bout de
la vaste plaine, il faisait volte et repartait, un
anneau d'or tremblant à son oreille. Et jamais
comme ce jour-là, devant cette orgie de couleurs
et de feu, je n'ai compris quel colossal, quel
génial peintre fut Eugène Delacroix. Toutes les
gloires pâlissaient devant la sienne. »

Le soir de cette journée, la dernière de notre
séjour à Sfax, nous faisions en bande une promenade à travers les rues de la ville, lorsque

l'un de nous émit l'idée d'aller demander au caïd de mettre des hommes de police à notre disposition pour visiter certains quartiers peu accessibles à des étrangers à cette heure de nuit.

Il s'agissait tout simplement de voir quelques cafés maures où se pratique la danse du ventre, et rien de plus, mais cela ne suffisait pas, paraît-il, à quelques-uns de mes confrères, qui voulaient faire des études beaucoup plus « nature ».

A cette requête quelque peu hardie, et présentée dans des termes un peu crus, le caïd fit la grimace. Il nous donna néanmoins les hommes demandés, mais je laisse à penser quelle opinion il dut avoir de la presse parisienne !

Le lendemain de cette équipée, à huit heures quarante du matin, après un *Te Deum* officiel chanté dans la cathédrale de Sfax, le *Maréchal-Bugeaud* levait l'ancre et repartait pour Sousse par un temps et une mer magnifiques.

Bientôt, la coquette cité ne nous apparaissait plus que comme une longue ligne blanche, émergeant à peine de la nappe foncée du golfe, puis enfin, s'effaçait complétement derrière l'horizon...

Nous passons en vue des îles Kerkennah, que l'on aperçoit comme une toute petite tache sur le flot bleu. C'est dans ces îles que, de temps immé-

morial, on déporte les femmes adultères et les
courtisanes aux charmes redoutables !

Mais comme Sfax, les Kerkennah ne sont plus
qu'un souvenir...

A sept heures du soir, nous arrivions en rade
de Sousse, après une superbe traversée, et je me
rendis immédiatement à terre, à bord d'une
« mahonne » pour expédier mes dépêches à
l'*Agence*.

Mais, dans la soirée, la mer devint très houleuse, et le retour au paquebot fut des plus
difficiles.

....

IX

*Départ pour la ville sainte. — En « Decauville ».
— Les forêts de cactus. — Alouettes et tourterelles.
Tristesse et désolation. — En vue de Kairouan.—
Le désert. — Bœufs et chameaux. — Kairouan.—
Sur les maisons. — La prostitution. — Représen-
tation d'Aïssaouas. — Des fous qui s'arrachent les
yeux ! — Le fils du Khalifah. — Retour. — L'in-
telligence d'un insecte.*

A six heures du matin, le 26 avril, la caravane
partait pour Kairouan, la ville blanche et
sèche, la ville sainte des arabes.

Le voyage se fit par un petit chemin de fer
« Decauville », dans cinq voitures traînées chacune par deux chevaux, montés par des soldats
du train des équipages, armés de mousquetons.

Les soixante-dix kilomètres qui séparent Kairouân de Sousse, furent franchis en cinq heures, avec quatre relais.

Oh ! cette route au milieu du désert, par une chaleur de soixante degrés !

Plus d'oliviers comme sur celle de la « diffa »; rien, qu'une campagne aride, avec par-ci, par-là, quelques épis d'orge étiques et des touffes d'herbe brûlées par le soleil ; puis des plaines, et encore des plaines, puis de véritables forêts de cactus, noircis comme par un incendie, à l'aspect fantastique, les troncs tordus, ressemblant à des corps de géants, à des membres de monstres aux écailles soulevées et hérissées de pointes. Si l'on traversait ces forêts le soir, au clair de lune, on croirait vraiment entrer dans un pays de cauchemars !

Et nous avançons sur cette route, dans des tourbillons de poussière de feu, impatients d'apercevoir enfin là-bas, à l'horizon de ce désert plat, la ville du rêve aux mille coupoles, qui sera aussi pour moi la ville du souvenir par excellence !

Les kilomètres succèdent aux kilomètres ; le ciel se fait de plus en plus de plomb, et nous étouffons.

De temps en temps, le bruit de nos voitures effarouche une mignonne alouette gauloise qui monte, monte dans l'azur en égrenant ses triolets ; puis c'est le vol rapide et léger de la char-

mante tourterelle grise de nos bois, que l'on
s'étonne de trouver sur cette terre d'Afrique, qui
attire notre attention toujours en éveil ; des troupes de chameaux qui passent, suivis d'indigènes
au pas lourd, à l'air résigné ; de rares tentes de
tribus nomades ; un douar dans le lointain...

A l'avant-dernier relai, nous sommes assaillis
par une bande de gamins arabes qui nous de-
mandent « des petits sous ». Amusés par leurs
manières, leurs gestes et leur langage, nous
nous laissons faire et nos poches se vident, mais
je remarque qu'ici, comme sur la route de la
« diffa », ces petits indigènes ne s'approchent
qu'à une distance respectueuse de nous ; il faut
leur jeter la monnaie, que pour rien au monde
ils ne viendraient prendre de notre main, dans la
crainte d'être ravis à leur liberté sauvage. Il
fallait entendre les cris de l'un de ces pauvres
petits diables que nous avions poursuivi et
rattrapé, en le menaçant de l'emmener à Kairouan,
pour se faire une idée de la terreur que leur
inspire cette pensée.

Mais nous approchons de la ville sainte, que
nous n'apercevons cependant pas encore. La
chaleur devient de plus en plus intense, et, le long
de la ligne que nous parcourons, la terre se fen-
dille, se crevasse, se calcine sous l'action du
soleil implacable qui la brûle.

·Tout autour de nous, c'est maintenant

.... l'horrible plaine où tout se dessèche,
C'est le désert qui s'ouvre, la solitude immense,
Le désert terrible....

devenant de plus en plus nu, de plus en plus
sinistre dans son silence de mort, au fur et à
mesure que nous avançons vers la ville mystérieuse.

Cette terre, sur laquelle il n'est pas tombé une
goutte d'eau depuis plus de trois années, n'est
que tristesse et désolation.

Je me figure avec effroi le voyageur perdu
dans cette solitude poignante, grain de sable
dans cet infini de sable, allant toujours, toujours
devant lui, sans pouvoir étancher la soif qui le
dévore, sans un arbre où trouver un peu d'ombre,
sans un brin de verdure où reposer ses yeux
fatigués de lumière, n'ayant que la fuyante vision
de l'horizon qui recule, recule sans cesse, et
qu'il n'atteint jamais !...

Ecoutez cette description que Maupassant fait
des environs de la ville sainte :

« Nous ne voyons plus qu'une étendue ondu-
leuse, où, de place en place, apparaissent soit les
os clairs d'une carcasse aux côtes soulevées, soit
une charogne à moitié dévorée par les oiseaux
de proie et les chiens. Pendant quinze mois, il

n'est point tombé d'eau sur cette terre, et la moitié des bêtes y sont mortes de faim. Leurs cadavres restent semés partout, empoisonnent le vent, et donnent à ces plaines l'aspect d'un pays stérile, rongé par le soleil et ravagé par la peste. Seuls, les chiens sont gras, nourris de cette viande en putréfaction. Souvent, on en aperçoit deux ou trois, acharnés sur la même pourriture. Les pattes raides, ils tirent sur la longue jambe d'un chameau, ou sur la courte patte d'un bourriquet ; ils dépècent le poitrail d'un cheval ou fouillent le ventre d'une vache. Et on en découvre au loin qui errent, en quête de charogne, le nez dans la brise, le poil épais, tendant leur museau pointu. »

J'avoue que je n'ai pas vu les charognes dont parle Maupassant, car on ne laisse pas ces choses-là sur le passage des caravanes officielles ; mais il est certain que les carcasses d'animaux sont nombreuses aux environs de Kairouan, et qu'il flotte souvent dans l'air des odeurs qui n'ont rien de commun avec les parfums de nos grands magasins de Paris.

Mais voici que tout là-bas, à vingt-cinq kilomètres peut-être, nous apparaît, à peine distincte, et dans une buée de chaleur qui monte de la terre, les murailles penchées de la Cité Sainte. A l'aide de puissantes jumelles marines, nous

distinguons enfin ses coupoles, ses minarets, ses
mosquées et jusqu'aux tombeaux de ses marabouts, sur lesquels le soleil déjà haut jette ses
traînées de feu.

Tous, nous avons les yeux fixés vers ce point
de l'horizon où repose, isolée, dans son imposante majesté, cette ville étrange, perdue au
milieu d'un désert aride.

Je ne puis exprimer la sensation que me produisit la vue de Kairouan, aperçue ainsi, dans
ce cadre troublant qui déconcerte et stupéfie

Mais la tristesse et la désolation augmentent
au fur et à mesure que nous avançons. Le désert
se fait plus sauvage encore ; cependant, nous
rencontrons quelques troupeaux de bœufs qui
errent au hasard, cherchant dans le sable brûlant une touffe d'herbe que les malheureuses
bêtes ne trouvent pas ; puis ce sont des bandes
de chameaux qui apparaissent de tous côtés,
profilant sur le ciel mat, comme il y a huit jours,
sur la lagune de Tunis, leurs énormes et fantastiques silhouettes. Ils sont là des centaines et
des centaines, sans surveillance, parcourant les
vastes espaces, ou réunis autour d'un douar
dont on aperçoit les tentes coniques se dresser
loin, très loin, à droite et à gauche du chemin
que nous parcourons.

On se croirait reporté aux temps bibliques,

dont les souvenirs ont si longtemps hanté mon imagination et bercé mes rêves.

Mais voici Kairouan ! — Voici les cavaliers arabes qui attendent le cortège officiel, montés sur des petits chevaux d'une élégance extrême, superbement harnachés et vifs comme l'éclair ; puis la foule des indigènes qui se presse de chaque côté de la ligne dans un désordre inexprimable et une diversité de costumes sans pareille. L'œil ébloui papillote dans ce miroitement de nuances. C'est d'ailleurs ici la répétition de ce que nous avons vu à Tunis, à Sousse et à Sfax ; mais, à Kairouan, l'enthousiasme me paraît plus grand, plus « spontané », et par conséquent, plus réel.

Comme toujours, c'est au bruit du canon et de la fusillade que nous franchissons la porte de la ville, au milieu des acclamations, des cris les plus discordants, du bruit des musiques les plus extraordinaires, et du tapage étourdissant des tambours et des tambourins.

Mes oreilles souffrent bien un peu de ce charivari, mais cela a tant de couleur locale, cela est si pittoresque, que je finis par m'y habituer et même par me griser de ces choses.

Et maintenant, saluons Kairouan ! Saluons cette ville, rivale de la Mecque, dont l'origine remonte aux temps les plus reculés de l'histoire !

Saluons cette ville dont, enfant, j'avais lu tant de descriptions enthousiastes ; salut à la ville du Prophète ; à la ville qui fut le berceau d'une religion et peut être aussi celui d'une civilisation disparue. Salut à la blanche, à la mystérieuse cité !

Kairouan est la ville arabe sans mélange, faite pour impressionner les fibres les moins sensibles. On s'y sent dans un monde qui n'a rien de commun avec celui de notre vieille Europe. C'est la ville sainte par excellence.

On sait que plusieurs pèlerinages à Kairouan valent un pèlerinage à la Mecque. De cent lieues à la ronde, les purs dévots faisaient porter leur corps à Kairouan pour le faire ensevelir en terre sainte, et cependant nos troupes sont entrées à Kairouan sans brûler une cartouche, et, de toute la Tunisie, Kairouan est la seule ville dans laquelle le chrétien peut visiter les mosquées. D'où vient cette anomalie ?

Je laisse à M. Charles Lallemand le soin de nous répondre :

« Fanatiques, assurément, mais d'un fanatisme byzantin fait de casuistique. Les nombreuses sectes musulmanes qui se partageaient Kairouan, ont passé en discussions théologiques le temps que d'autres auraient mis à préparer la résistance, jusqu'au moment où la découverte d'un texte,

que l'on dit avoir été fabriqué par un marabout,
Français d'origine, converti à l'Islam, et qui,
prédisait l'arrivée et l'entrée de nos soldats dans
la ville sainte, a fait décider qu'on ne résisterait
pas.

« D'autre part, comme l'on avait besoin d'un
local très sain pour y établir une ambulance, on
choisit la grande mosquée. Une fois profanée
par les roumis, qu'importait qu'on les y laissàt
pénétrer ultérieurement? Par assimilation, les
autres mosquées nous sont également devenues
accessibles. »

Kairouan abrite vingt-trois mille habitants.

L'opinion la plus répandue attribue sa fon-
dation au conquérant Okbah, qui aurait fait
construire la ville sainte au milieu d'une inex-
tricable forêt remplie de serpents et de bêtes
féroces. On a peine à croire à cette légende en
voyant aujourd'hui la vaste plaine dénudée qui
l'entoure. Il est vrai que le pays a été dévasté à
plusieurs reprises, et que la ville elle-même a
été détruite plusieurs fois.

C'est en 671 après Jésus-Christ que le général
Okbah-ben-Amir aurait fondé Kairouan. D'après
M. G. Candas, il aurait été puissamment secondé
dans son œuvre par l'intervention divine, et
c'est pourquoi la ville fut déclarée sacrée.

Entre autres manifestations de Dieu, il faut

citer la retraite volontaire de tous les serpents et bêtes féroces qui pullulaient dans la fameuse forêt, aussi la bonne volonté des pierres qui vinrent se placer d'elles-mêmes pour contribuer à l'édification de la grande mosquée, et encore la révélation en songe à Okbah, de la direction de la Mecque !

La vérité est que l'on ne sait rien de précis sur l'origine de Kairouan, laquelle se perd dans la nuit des temps.

Kairouan possède près de trois cents mosquées!

En quittant la gare, la caravane se rendit vers le marché couvert, où un déjeuner sommaire lui fut servi.

Après les toasts, chacun « tira » de son côté pour visiter la ville selon sa fantaisie. Inutile de dire que je ne suivis pas le cortège officiel.

Je me dirigeai d'abord, en compagnie de quelques-uns de mes confrères, vers la grande mosquée, dont il me tardait d'admirer le style et les richesses.

Nous suivîmes des rues étroites, interminables ; nous traversâmes des places encombrées de marchands de poteries, de légumes, de piments, de fruits et de mille autres produits, qui s'abritent contre le soleil au moyen de grandes nattes hissées sur des perches qu'ils manœuvrent comme des voiles de navire.

En débouchant d'une de ces rues, nous nous trouvâmes, après vingt minutes de marche, en face du principal monument de Kairouan.

La grande mosquée est une merveille. Nulle part, l'amateur ne peut avoir sous les yeux une aussi riche collection de chapiteaux, puisque cette collection embrasse dans son ensemble plus de cinq siècles d'architecture. Le nombre des colonnes, de six à sept cents, ayant chacune son style particulier, donne à ce monument une impression de grandeur étrange.

La chaire à prêcher est faite de panneaux rectangulaires en bois, sculptés à jour ; morceaux uniques, d'un travail particulièrement délicat.

Cette mosquée ne sert pas seulement au culte de l'Islam ; elle est aussi une sorte d'académie où des professeurs musulmans, accroupis au pied des colonnes, préservées par des nattes, donnent des leçons aux jeunes élèves dont l'instruction leur est confiée.

Une vaste cour, entourée d'un cloître immense, ajoute encore à l'imposant assemblage d'éléments disparates qui forme la grande mosquée. Le côté du cloître qui fait portique à la mosquée proprement dite, est incontestablement le plus beau.

Après la visite à la grande mosquée, une

visite à la mosquée du Barbier s'imposait, mais celle-ci est située en dehors de la ville, à dix-huit cents mètres environ du mur d'enceinte, et pour y aller à pied, par cette chaleur du plein midi, il fallait un courage dont je ne me serais pas cru capable.

J'étais ruisselant, et de larges gouttes de sueur inondaient mes épaules, qui n'avaient jamais reçu averse de cette nature.

Après avoir vainement essayé de trouver un véhicule quelconque, nous nous acheminâmes dans la direction du monument, où repose le marabout Abou-Zemaa-El-Beloui, le barbier du Prophète, d'après la croyance générale.

La route me parut longue. Elle fut surtout pénible. Sous le casque de liège africain, dont je m'étais heureusement muni avant de quitter Tunis, je sentais fondre ma cervelle sous l'ardeur des rayons solaires. Si j'étais tombé sur ce chemin, j'avais conscience que c'en était fait de moi et, à ce moment, un regret me monta au cœur : le regret de la séparation accomplie, et ma pensée s'en alla toute pleine de visions tristes vers ceux dont le souvenir ne me quitte jamais !

Nous arrivâmes enfin.

La mosquée du Barbier est surtout remarquable par son architecture intérieure. Ses murs et sa coupole sont entièrement décorés d'ornements en plâtre ajouré d'une grande beauté.

A citer, parmi les drapeaux qui ornent le tombeau du marabout, celui qui fut offert par Mustapha-ben-Ismaël, favori et premier ministre du Bey Mohammed-Es-Sadok, afin d'obtenir la défaite des Français !

Mais les mosquées n'ont, en somme, qu'un médiocre intérêt pour moi ; c'est surtout l'aspect de la ville qui appelle mon attention, et comme nous n'avons que très peu de temps pour la parcourir, il faut se hâter de repasser son mur d'enceinte.

Nous entrons encore dans la mosquée des Sabres, d'où je sors presque aussitôt, d'ailleurs, pour errer au hasard, en compagnie du sympathique Belon, dessinateur au *Journal illustré*, et de l'étourdissant Jacques Raymond, rédacteur au *Soir*.

Que dirai-je de cette excursion de quelques heures dans les rues de la ville ?

Ce n'est pas en si peu de temps qu'il est possible de beaucoup observer.

D'ailleurs, Kairouan, c'est Tunis ; c'est surtout Sousse et Sfax, mais avec quelque chose de plus particulier que l'on sent, mais qui ne s'exprime pas. Kairouan, c'est la ville des légendes et du mystère, vers laquelle tout rayonne à cent lieues à la ronde. Il semble qu'on doive parler bas dans ses rues, et cependant, quelle vie et quel mouvement parmi cette étrange population !

Les maisons sont carrées, en forme de dé à jouer. Elles n'ont pas d'étages ; elles n'ont pas de fenêtres, du moins, je n'en ai vu à aucune. Seule, une grande porte s'ouvre au milieu, et laisse voir un intérieur absolument nu. C'est par cette unique ouverture que pénètrent le jour et l'air.

Je ne suis pas entré dans ces maisons, dans lesquelles, autant que j'ai pu m'en rendre compte, il ne m'a paru exister qu'une seule pièce, qui sert de cuisine et de chambre à coucher.

On fait donc « tout » là-dedans, sans se préoccuper le moindrement de l'hygiène. Ce n'est que le soir, lorsque la nuit est venue, qu'on voit des fantômes voilés se glisser furtivement le long des murs, pour aller jeter dans un coin de rue le contenu de certains récipients d'où se dégagent des odeurs qui feraient fuir les plus courageux...

Détail curieux : on peut parcourir tout Kairouan sur le toit des maisons, tant celles-ci sont rapprochées et uniformes. Quant aux rues, on les traverse par les voûtes nombreuses qui relient un quartier à l'autre, de sorte qu'il n'est pas un endroit de la ville qu'on ne puisse explorer de cette façon.

Mais je ne conseille pas de faire cette promenade en plein midi, car on aurait chance de ne pouvoir la continuer jusqu'au bout.

J'aurais voulu emporter un souvenir de cette ville extraordinaire ; une chose quelconque fabriquée sur les lieux mêmes, mais je ne trouvai absolument rien, en dehors des tapis, qui ont d'ailleurs une renommée universelle, et qui, pour cette raison, sont difficilement abordables.

La prostitution s'étale au grand jour à Kairouan : elle s'y étale avec un cynisme ou une inconscience qu'on ne saurait soupçonner dans les villes les plus gangrenées d'Europe.

C'est peut-être pour cela qu'il y a tant d'enfants à Kairouan ; le fait est qu'ils y pullulent.

Nous venions de nous engager, Belon, Jacques Raymond et moi, dans une rue étroite, dont je n'ai pas gardé le nom, mais qui aboutit à un marché arabe situé à peu de distance du mur d'enceinte. Après avoir fait quelques pas, nous ne fûmes pas peu surpris de voir, dans une des maisons que je viens de décrire, langoureusement couchée sur un moelleux tapis au milieu de la pièce, juste en face de la porte, afin d'être bien vue des passants, une femme d'une vingtaine d'années, vêtue très légèrement d'étoffes criardes, avec des bracelets de cuivre aux bras et aux jambes, et de grandes boucles de même métal passées dans les oreilles. Cette femme était une juive, encore belle, qui vendait ses faveurs au premier venu, indigène ou étranger.

Deux pas plus loin, même spectacle, mais l'habitante de cette maison hospitalière, au lieu de se tenir couchée sur le tapis ou la natte traditionnelle, se livrait à la danse du ventre sur le seuil de sa demeure.

Dans chaque « case » de cette rue, il y avait une femme prête à nous faire bon accueil, ou d'ignobles matrones toutes disposées à mettre d'autres « plaisirs » à notre disposition.

Je vois encore une de ces misérables, en train de rouler le couscous dans ses mains crasseuses, avec, auprès d'elle, un petit enfant de huit à dix ans, tout chétif, qui reposait étendu sur une natte. Nous nous étions arrêtés pour la voir confectionner son plat, mais la gueuse crut sans doute que nous avions été amenés là plutôt par désir que par curiosité ; alors, à notre stupéfaction, elle nous adressa ces mots dans un français à peine compréhensible, en désignant l'enfant du doigt : « Li petit femme. Trois douros ! » C'était clair, n'est-ce pas ?

Comme nous étions trois, cela faisait cent sous par tête !...

En revenant sur nos pas, nous remarquâmes que plusieurs des maisons que nous avions vues « ouvertes » un instant auparavant, étaient maintenant « closes ». On nous expliqua que c'était parce qu'il y avait réception...

Malheureusement, l'heure du retour approchait, et il nous fallut reprendre le chemin de la gare.

Mais une dernière surprise nous attendait.

Sous le marché couvert où le déjeuner avait eu lieu, une troupe d'Aïssaouas donnait une représentation en l'honneur des invités de la Résidence. Quand nous arrivâmes, cette représentation était commencée depuis quelques instants déjà, et nous eûmes beaucoup de peine à nous frayer un passage à travers la foule qui se pressait pour jouir du spectacle horrible qui se déroulait sous ses yeux.

On sait les pratiques épouvantables de ces jongleurs hystériques, qui, après s'être entraînés à l'extase en formant une sorte de chaîne magnétique, et en récitant leurs prières, mangent les feuilles épineuses des cactus, des clous, du verre pilé, des scorpions, des serpents. Souvent ces fous dévorent, avec des convulsions affreuses, un mouton vivant, laine, peau, chair sanglante, et ne laissent à terre que quelques os. Ils s'enfoncent des pointes de fer dans les joues ou dans le ventre, s'arrachent les yeux, qu'ils replacent ensuite dans l'orbite ; tout cela au milieu de contorsions et de chants lugubres qui produisent une impression extraordinairement violente.

Les ministres étaient au premier rang des spectateurs. Je m'approchai juste au moment où l'on était en train de faire pénétrer à grands coups de maillet des tringles affilées dans l'aine et les épaules de trois ou quatre malheureux. A chaque coup, ces tringles entraient de plusieurs centimètres dans leurs chairs, lesquelles étaient bientôt complétement traversées par le fer, dont un grand bout ressortait par le dos.

Une fois la mutilation terminée, le patient soutenant de ses mains les lances piquées dans son corps, hypnotisé, les yeux hagards, perdus dans le vide en une sorte d'extase, faisait en dansant le tour du cercle qui l'entourait, puis arrachait doucement les instruments de son supplice, et allait se jeter dans les bras d'un vieil Arabe à barbe blanche, sans doute un prêtre de la secte des Aïssaouas, très nombreux à Kairouan, qui lui murmurait à l'oreille les consolations de circonstance.

Détail singulier : pas une goutte de sang ne coulait des plaies de ces fanatiques, ce qui laisse supposer que les malheureux sont en état complet de catalepsie pendant les exercices auxquels ils se livrent.

Celui des lances terminé, un pauvre fou presque nu, plus fou encore que les autres, prit un sabre à large lame et se taillada le ventre d'une façon atroce. Les intestins sortaient, mais je ne sais comment se termina cette épreuve, car je n'eus pas le courage de la suivre jusqu'au bout. Je sentis un vertige monter à mon cerveau, la tête me tourna, et une chaise se trouva là juste à point pour me recevoir...

On m'a raconté que, tout récemment, la femme d'un officier qui assistait à une de ces horribles séances, entraînée par l'exemple, et sans doute aussi préparée par un état de suggestion qui s'explique chez certaines natures hystériques, voulut se jeter sur les lances des Aïssaouas. On eut toutes les peines du monde à la retenir, et il fallut la surveiller pendant des mois pour qu'elle ne se livrât pas aux pratiques dont elle avait eu sous les yeux le terrifiant spectacle !

Au moment d'arriver à la gare, je me rencontrai avec mon très distingué confrère, M. Gaston Deschamps, du *Temps,* qui me présenta au fils du khalifah de Kairouan, Si-Sadok, avec lequel je m'entretins quelques minutes.

Si-Sadok est un magnifique Arabe, d'une trentaine d'années environ, de haute stature, aux yeux doux et au visage on ne peut plus sympatique. D'une intelligence supérieure et d'un dévouement absolu à la France (ce qui pour moi est une exception), Si-Sadok parle notre langue, non seulement dans la perfection, mais encore avec une recherche d'expressions que beaucoup de nos habitués du boulevard pourraient lui envier.

C'est une belle figure que celle de cet homme, et j'ai vivement regretté de ne l'avoir connu qu'au moment même de mon départ, car j'aurais pu recueillir de sa bouche des renseignements précieux à tous les points de vue, sur mille sujets intéressants.

Je disais tout à l'heure que Si-Sadok est un ami de la France. Je dois ajouter que, lors du voyage des souverains russes en France en octobre 1896, il demanda et obtint la faveur de se joindre aux caïds et aux cheiks qui vinrent à Paris faire escorte au tsar, et parader devant lui. Le cheval de Si-Sadok était un des plus remarquablement beaux; il était aussi l'un des plus richement équipés; la selle seule avait coûté sept mille francs !

J'allais oublier de dire qu'une ligne ferrée, mais, cette fois, une véritable ligne, laquelle est d'ailleurs actuellement en construction, reliera Kairouan à Sousse dans un avenir très rapproché. Cela est sans doute nécessaire au point de vue du trafic et des débouchés, mais quand les locomotives vomiront leurs flocons de fumée noire dans son désert et jusque dans ses murs, la ville sainte aura perdu une grande partie de son prestige et de l'auréole dans laquelle elle rayonne depuis tant de siècles.

Malheureusement, la civilisation brutale n'a pas pour habitude de respecter la poésie des choses !

Nous sommes de nouveau empilés dans les cinq voitures qui nous ont amenés tantôt, et le signal du départ est enfin donné.

Les chevaux partent au galop et nous enlèvent dans un nuage de poussière qui nous enveloppera jusqu'à Sousse.

Adieu, Kairouan ! Je n'ai fait que poser le pied sur ton sol que le soleil brûle, mais je n'oublierai pas la vision que j'emporte de la steppe au milieu de laquelle tu reposes endormie, des coupoles de tes mosquées, de tes minarets blancs, vision que rehausse encore, dans mon imagination, la grandeur de ton rôle passé !

. . . .

A la première halte, nous descendons un instant pour échanger nos impressions, mais tout le monde est tellement fatigué que les conversations languissent et finissent par tomber tout à fait.

Je m'étais éloigné de quelques pas de la

caravane dans le besoin où j'étais d'isolement, après les émotions suraiguës que je venais d'éprouver. Je repassais dans ma mémoire les mille choses du rêve que j'étais en train de vivre, lorsque j'aperçus devant moi une boule grosse comme le poing qui *s'avançait* dans ma direction.

Cette boule, que le soleil avait desséchée, et dont je crois inutile de faire une plus longue description, avait vraisemblablement été apportée là par un animal quelconque du désert, bœuf ou chameau, ignorant du respect dû à des personnages officiels.

Dans l'impatience où j'étais de savoir à quelle cause attribuer ce phénomène, j'allai à sa rencontre et fus stupéfait de ce que je vis.

Je vis... un magnifique scarabée qui, les pattes de devant dressées sur la boule mystérieuse, et s'arcboutant sur ses pattes de derrière poussait *la chose* devant lui dans la direction du soleil, *pour se faire de l'ombre !*

Est-ce que vous n'admirez pas comme moi l'intelligence de cette petite bête des champs qui, au milieu d'une nature embrasée, trouve le moyen de cheminer à travers le désert dans un rayon d'ombre créé par elle pour se protéger contre les morsures d'un soleil torride !

J'appelai quelques membres de la caravane qui s'intéressèrent vivement à ce spectacle peu

ordinaire. Quant à moi, il me frappa tellement
que je me promis de le noter dans la relation
qu'à ce moment j'avais déjà décidé de faire de
mon voyage.

A sept heures et demie, nous étions de retour
à Sousse, et à neuf heures le *Maréchal-Bugeaud*
filait sur Tunis où nous arrivions le lendemain
matin 27, à sept heures, après une traversée des
plus calmes, malgré le voisinage du cap Bon,
auquel on fait décidément une réputation
imméritée.

X

Retour à Tunis. — Une « guinguette » parisienne. —
En route pour Bizerte. — La ville. — Promenade
sur le lac. — Départ du Maréchal-Bugeaud
pour la France. — Un ministre artilleur. — En
mer. — La terre d'Afrique disparaît. — Baleine
en vue. — Arrivée à Marseille.

La journée du 28 fut consacrée à de nouvelles
excursions dans la capitale de la Régence et
ses environs. Malheureusement notre promenade
fut interrompue, vers quatre heures de l'après-
midi, par un violent orage qui, jusqu'au soir,
déversa des trombes d'eau sur Tunis, au grand
déplaisir de ceux qui, comme moi, étaient obligés
d'assister en ville aux dernières agapes officielles.

Un dernier détail :

Il n'y a pas que sur les bords de la Seine ou
de la Marne, que l'on peut lire sur les boutiques

des marchands de vin, de bizarres enseignes hiéroglyphiques toujours amusantes à déchiffrer. A Tunis, en pleine avenue de France, il est une guinguette qui porte cette inscription: *0-20-100-0*.

N'est-ce pas que c'est drôle ?

Le 29, à sept heures du matin, nous partions par train spécial pour Bizerte, où le *Maréchal-Bugeaud* devait nous rejoindre.

Cette partie de la Tunisie ne ressemble en rien à celle que nous venions de parcourir. C'est la Normandie avec ses magnifiques campagnes, ses forêts superbes et ses prairies verdoyantes.

C'est aussi, dans certaints endroits, d'après une expression imagée de Jacques Raymond : « une Suisse dont on aurait guillotiné les sommets neigeux. »

Fermes florissantes, vignobles prospères, terrains d'élevage où paissent de beaux troupeaux, voilà ce qui borne la ligne des deux côtés, jusqu'à ce que l'on arrive aux environs immédiats de Bizerte pour longer alors les immenses lacs que relie l'Oued-Tindja.

A dix heures, le train faisait son entrée en gare.

Les autorités souhaitent la bienvenue aux ministres, puis on va visiter la ville.

Nous avons à peine une heure pour la parcourir.

Bizerte est surtout remarquable par son cachet d'originalité toute spéciale.

« Comment avons-nous pu mettre si longtemps pour découvrir ce coin merveilleux de notre domaine colonial? Bizerte, c'est de l'eau, de l'air et de la lumière à foison, » a écrit M. Léon Journault. Oui, c'est bien cela, et cet air toujours en mouvement, s'agite sous un ciel toujours pur, d'un bleu irrêvé ; cette lumière baigne le paysage le plus pittoresque que l'on puisse imaginer.

« Bizerte, c'est Venise avec ses canaux, Alger avec ses maisons blanches et ses femmes voilées, Barcelone avec ses remparts antiques. C'est le Sahara avec ses tentes, ses chameaux et ses palmiers, le Soudan avec ses musiciens noirs, l'Afrique équatoriale avec ses flamants, ses lacs roses et ses buffles à bosses. Le voyageur africain qui arrive à Bizerte y trouve comme l'histoire vivante de ses voyages ; il voit, ainsi qu'en un rêve, les scènes les plus variées de ses différentes étapes. Et quelle variété des races, des types, des produits ! La nature avait fait de Bizerte un lieu privilégié ; tous les peuples ont voulu en jouir. »

Combien curieuse à raconter serait l'histoire de cette ville, où les corsaires barbaresques, autrefois, amenaient leurs prises humaines pour les vendre comme esclaves ! Que de choses horribles se sont passées là ! Que de sanglots ces murs ont étouffés ! Que de larmes ont arrosé ce sol !

Je n'ai vu Bizerte qu'à travers ces souvenirs du passé qui m'étreignaient le cœur, en parcourant ses rues tortueuses et voûtées, et j'en ai remporté une impression pénible malgré le pittoresque et le charme du lieu.

A onze heures et demie, un déjeuner officiel réunissait à bord tous les invités de la Résidence, après quoi le *Maréchal-Bugeaud* exécuta sur le lac une promenade qui nous émerveilla.

Ce lac n'a pas moins de douze kilomètres de diamètre, avec une profondeur régulière de dix à douze mètres. Les flottes de toutes les nations pourraient s'y mouvoir à la fois et trouver un abri parfait derrière ses hautes collines.

C'est dire l'importance que la possession de Bizerte et la construction de son port peuvent avoir pour la France au jour du danger.

Maintenant, le *Maréchal-Bugeaud* revient à petite vapeur vers la passe pour gagner le large C'est le moment des étreintes cordiales, des adieux définitifs.

Il stoppe un instant afin de permettre à ceux qui doivent rester sur la terre tunisienne de descendre du grand paquebot pour se faire ramener au port, puis le commandant donne le signal du départ.

Pendant que nous nous dirigeons vers le goulet, les superbes cavaliers indigènes qui étaient accourus de tous les coins de la région pour participer à la réception des ministres, et lui donner plus d'éclat, alignés sur le quai, nous saluent une dernière fois d'une fusillade telle que nos oreilles n'en avaient pas encore entendu, pendant que gronde le canon du fort perché tout à-haut sur la montagne, et auquel répond celui du *Maréchal-Bugeaud, servi par le ministre de la Justice lui-même...*

Quelle féerie que cette sortie du port de Bizerte, par une journée merveilleuse, un ciel d'une idéale pureté, au bruit des canons, des fusils, de la sirène de notre paquebot, des cris, des chants et des musiques indigènes, avec sous les yeux, d'un côté la mer infinie, que striait l'ourlet blanc de ses vagues câlines, et de l'autre, de verdoyantes collines, une ville étrange, resplendissante de lumière, des étendards, des drapeaux, des bannières flottant au vent, des costumes de toutes sortes et de toutes couleurs, véritable kaléidoscope dont les plus beaux spectacles d'Europe ne sauraient donner une idée !

Le *Bugeaud* s'avance, majestueux, vers la pleine mer, pendant que décroissent à nos yeux, dans une vapeur grise, les côtes de Kroumirie vers lesquelles nos regards restent obstinément fixés, et que s'affaiblissent les bruits de la terre, maintenant à peine perceptibles.

Il était exactement trois heures de l'après-midi quand notre transatlantique franchit les jetées de Bizerte. Deux heures après, nous avions perdu de vue la côte d'Afrique.

. . . .

Alors recommença la vie de bord, vie pleine d'entrain et de gaieté, qui nous fit paraître courtes les heures de la traversée.

Elles passèrent vite, ces heures ; beaucoup trop vite à mon gré, bien que j'eusse hâte de revoir les côtes de France.

Nous les aperçûmes le 30, vers trois heures du soir.

Presque au même moment, nous distinguâmes un magnifique cachalot qui prenait ses ébats à environ cent cinquante ou deux cents mètres du *Maréchal-Bugeaud*. Ce cétacé, qui avait une quinzaine de mètres de longueur, plongeait et replongeait avec beaucoup de grâce et lançait de temps à autre par ses évents des colonnes d'eau qui retombaient en pluie sur son dos, d'un beau noir luisant. Ce spectacle très rare sur les côtes de France, où les baleines ne se montrent guère, intéressa vivement tous les passagers du *Bugeaud*, mais il ne dura qu'une dizaine de minutes, au bout desquelles l'animal disparut dans les flots.

A six heures du soir, nous arrivions à Marseille, où, grâce à la présence du ministre des Finances, les formalités de douane furent vite terminées.

Depuis mon départ de France, j'avais passé quatre-vingt-dix-sept heures en mer, sans avoir payé mon tribut à cette charmeuse qu'est la Méditerranée.

Mais je ne m'en fais pas trop gloire, car il s'en est fallu de peu que ce tribut ne fût largement acquitté.

J'ajoute que, pendant les dix jours que j'ai passés en Tunisie, pas plus sur la côte que dans l'intérieur, je n'ai entendu, ni vu, ni senti le moindre moustique, ce fléau des pays chauds.

J'ai tenu à faire cette constatation pour que ceux qui, comme moi, ne sont pas *cousins* avec ce désagréable petit insecte, ne s'embarquent pas avec la crainte d'avoir à souffrir de sa présence dans les régions que j'ai parcourues.

XI

Considérations générales.

Sɪ l'on me demande maintenant quelle est mon impression en ce qui concerne la colonisation en Tunisie, et le degré de confiance que l'on peut accorder à l'indigène, je répondrai très franchement que cette impression est plutôt pessimiste.

La Tunisie serait certainement une terre d'avenir pour le Français qui voudrait lui demander, par le travail, les ressources qui lui manquent trop souvent dans son pays.

Son sol est d'une merveilleuse fertilité, aussi bien dans la région du Nord que dans celle du Sud ; on peut surtout s'y livrer avec succès à la culture de la vigne et de l'olivier ; des routes se font, des chemins de fer se créent, qui faciliteront les débouchés et feront pénétrer petit à petit la civilisation dans tous les coins de cet immense domaine.

Mais il faudra bien des années encore, un quart de siècle peut-être, pour que ce gigantesque travail, depuis longtemps en cours d'exécution, soit entièrement terminé.

Certes, les résultats obtenus font bien augurer de l'avenir, et, comme le disait le ministre du Commerce dans son discours de Sfax, « on peut prévoir que la bataille engagée contre le désert sera gagnée un jour ».

Mais une grave question se pose : cette bataille sera-t-elle gagnée par des Français ?

Sans doute, la Résidence fait tout ce qu'elle peut pour favoriser nos compatriotes et leur faciliter les moyens de s'établir sur le sol tunisien, mais bien peu se montrent disposés à profiter de ces avantages et de ces facilités.

Il y a seize ans qu'a été signé le traité du Bardo ; il y a seize ans que la France est à Tunis, et nous ne sommes dans cette ville que dix mille Français, y compris les nombreux fonctionnaires, contre douze mille Italiens, douze mille Maltais, quarante mille juifs et soixante-cinq mille musulmans indigènes.

On peut raisonnablement supposer qu'avant vingt ans, nos compatriotes seront complètement

noyés par le flot toujours grossissant de l'émi-
gration européenne, ce qui m'autorise à dire
qu'à part quelques rares exceptions, la colonisation se fera surtout au profit des spéculateurs
et des étrangers.

Et puis, qu'elle est donc excusable, cette hési-
tation qui se remarque chez nous quand il s'agit
d'aller dresser sa tente au-delà des mers, dans
un pays à peine soumis à notre domination, et
qui ne présente, il faut bien l'avouer, qu'une
sécurité très relative !

Car, il n'y a pas d'illusion à se faire, l'Arabe
subit notre joug et ne l'accepte pas. S'il s'y
soumet momentanément, s'il lèche notre botte,
c'est parce qu'il se sait le plus faible, mais sa
résignation, son fatalisme dont on nous a tant
rebattu les oreilles, ne sont qu'apparents. Ceux
qui le connaissent n'ont-ils donc jamais surpris
l'éclair de son regard farouche ? n'ont-ils jamais
lu dans ses yeux, en même temps qu'une sorte
d'indifférence hautaine, le mépris du « roumi » ?
— Qu'on y prenne garde, une haine profonde
demeure contre nous au fond du cœur de l'homme
du désert ; elle y est ancrée, et, quoi que nous
fassions, nous serons toujours considérés par lui
comme le spoliateur, comme l'ennemi...

Je tiens à citer, à l'appui de ce que j'écris, une
conversation éminemment suggestive que j'eus,

à Tunis même, au punch offert aux ministres
par la Chambre consultative, avec une personne
autorisée, qui habite la Tunisie depuis l'occupation et qui connaît à fond le caractère arabe.

La conversation avait roulé sur la fantasia que
nous venions d'admirer à Sfax, sur la magnifique
attitude des cavaliers arabes, sur une foule
d'autres choses encore, lorsque je me permis de
lui demander si, personnellement, elle avait une
absolue confiance dans la population indigène,
et quelle était son opinion relativement aux
sentiments professés par cette population à notre
égard.

A cette question, un peu brusquement posée,
mon interlocuteur me regarda fixement à travers
ses grandes lunettes d'or, puis, après quelques
minutes de réflexion, il me répondit textuelle-
ment ceci :

« L'Arabe ne cherche que l'occasion de nous
jeter à la mer, soyez-en bien certain. Si cette
occasion se présente un jour, soyez non moins
certain qu'il en profitera. Je causais il y a quelque temps avec un chef, personnage très influent
à Tunis, officier de la Légion d'Honneur, avec
lequel j'entretiens des rapports amicaux. Je le
considère comme un excellent homme, ce qui
ne l'empêcha pas de me dire très froidement et
le plus sérieusement du monde « que le jour où

un soulèvement se produira en Tunisie (notez qu'il parlait au futur) il me coupera lui-même la gorge pour m'éviter les souffrances que ses coreligionnaires ne manqueraient pas de me faire endurer, et qu'il emmènerait ma femme et mes enfants, dont il prendrait soin. »

N'est-ce pas exquis?

Dois-je dire enfin, toujours pour justifier mes appréciations, que l'enthousiasme signalé sur les points où des réceptions officielles eurent lieu pendant les dix inoubliables journées passées en Tunisie, était quelque peu un enthousiasme de commande (je l'ai su depuis). A Sfax et à Bizerte notamment, tous ces indigènes qui gesticulaient, criaient, chantaient, jouaient du fifre ou du tambourin, avaient été amenés là par force de l'intérieur. Quelques-uns ne se décidèrent même que sous la menace du bâton. Cela ne les empêcha pas de se livrer à des manifestations que tout le monde pouvait croire sincères. Ce fait m'a été affirmé par un ingénieur français en résidence à Bizerte. Il a été également signalé par l'envoyé spécial des *Débats* dans les termes suivants :

« Ils crient, soufflent et tambourinent de bon cœur. Faut-il prendre pour argent comptant ce débordant enthousiasme? Des colons, tout à l'heure, nous diront qu'il y entre une forte part de commande, émettant des doutes sur sa spontanéité, sur sa sincérité. »

On voit, par ce qui précède, quel fond nous pouvons faire sur l'Arabe. Il est hors de doute que, le jour où la France éprouvera des difficultés soit intérieures soit extérieures, la Tunisie se soulèvera tout entière contre nous, car il ne faut rien attendre du temps pour amener une modification de l'état de choses actuel.

L'Arabe est, en effet, resté ce qu'il était avant la conquête, vivant à l'écart et n'empruntant rien à notre civilisation qu'il dédaigne. Nos mœurs, nos coutumes, lui sont aussi complètement étrangères qu'il y a dix-sept ans. *Il est systématiquement réfractaire à tout esprit d'assimilation.* Si encore nous pouvions espérer quelque chose d'une fusion par le croisement des races ! Mais il n'y faut pas songer puisqu'aucun contact n'est possible avec la femme arabe qui, cloîtrée dans sa demeure et n'en sortant jamais, ne peut avoir nul rapport avec l'élément européen.

Est-ce tactique politique ou jalousie de mâle ? Peut-être les deux, mais cette tactique est, dans tous les cas, infiniment préjudiciable à l'avenir et à la sécurité de notre colonie, puisque l'esprit indigène, *que je considère comme irréductible,* ne pourra jamais être entamé, puisque les générations passeront sans qu'une goutte de notre sang puisse jamais le modifier.

Songe-t-on à ce qu'il adviendrait de nos colons, le jour où un soulèvement, toujours à redouter, se produirait sur cette terre d'Afrique ? Qu'on ne me parle pas de protection ; elle serait impossible tant l'attaque serait soudaine, car il ne faut pas oublier que ceux qui vont offrir au sol tunisien l'effort de leur labeur, n'habitent ni les villes, ni leurs environs immédiats. Ils sont, au contraire, généralement éloignés de tout centre, perdus dans les terres (on ne peut guère coloniser qu'à cette condition), entourés d'indigènes et de tribus nomades qui auraient tout le temps de les massacrer à loisir avant l'arrivée des secours problématiques que la Résidence pourrait leur envoyer.

C'est avec la rapidité de l'éclair qu'un événement de cette nature s'accomplirait, grâce au système de communications que les Arabes possèdent, système qui est leur secret et que nous pourrions leur envier, puisqu'il leur permet de propager une nouvelle des confins du désert jusqu'aux extrêmes limites du nord de la Tunisie dans un espace de temps extraordinairement court.

Comprend-on l'importance d'une pareille organisation, et se figure-t-on le danger qu'elle nous ferait courir le jour où les indigènes se décideraient à tenter un coup de main contre nous ?

On se rappelle que c'est par cette voie que fut connu à Tunis l'assassinat de l'infortuné marquis de Morès, assassinat auquel on ne voulait pas croire tout d'abord, étant donnée la source de l'information ; mais il fallut bien se rendre à l'évidence quand, *quatre ou cinq jours après*, la triste nouvelle parvint à la Résidence générale.

Ce détail n'est-il pas convaincant, et ne devrait-il pas donner sérieusement à réfléchir à ceux auxquels incombe la lourde responsabilité du gouvernement de la Tunisie ?

En revenant en France à bord du *Maréchal-Bugeaud*, j'eus l'occasion de m'entretenir de cette question avec notre ministre du Commerce, M. Boucher, auquel je fis part de l'impression que je rapportais de mon court séjour au milieu des populations musulmanes, et je dois avouer que le ministre, qui est lui-même un colon puisqu'il possède une magnifique exploitation d'oliviers dans les environs de Sfax, ne partage aucunement mes appréhensions. « Si vous saviez, me dit-il, quel accueil les Arabes me font, à moi et à mon fils, chaque fois que je vais visiter mon domaine, nous n'auriez plus de doutes sur leur loyauté. Toujours ils nous reçoivent avec des démonstrations de joie sincère, et les marques d'un véritable respect, lequel est même quelquefois gênant dans ses manifestations, car on veut non seulement nous voir de près, mais encore toucher nos mains, nos vêtements, comme si nous étions les envoyés du Prophète. »

Je souhaite sincèrement que le ministre ait raison, mais je crains qu'il n'en soit pas ainsi après ce que j'ai vu et surtout après ce qui m'a été dit par des personnes qui connaissent bien les populations au milieu desquelles elles vivent, et auxquelles elles ne sauraient accorder le même degré de confiance.

C'est aussi l'avis du docteur Bertholon, qui vient de faire paraître une remarquable étude sur la Tunisie, où je trouve la confirmation absolue des appréciations qui précèdent :

« Le Coran n'est pas un simple livre religieux, dit-il. Il s'occupe d'une série de détails soit sociologiques, soit économiques, soit hygiéniques, qui n'ont rien de commun avec la divinité. Aussi les sectateurs de cette religion se trouvent-ils dominés par elle dans les moindres actes de leur existence. Cette règle tyrannique est strictement observée. Ainsi s'explique pourquoi, sur les points les plus divers du globe, les peuples musulmans, quoique de races différentes, présentent tant de ressemblances. La même règle explique pourquoi notre civilisation n'a jamais pu pénétrer et *ne pourra jamais pénétrer* dans les mœurs des populations islamiques. L'espoir de ceux qui rêvent l'assimilation des indigènes de l'Afrique du Nord *peut se classer parmi les utopies les plus dangereuses pour l'avenir de notre nationalité dans cette région.*

« La religion musulmane *est un chant de haine et de guerre contre ceux qui n'ont pas embrassé l'Islamisme, c'est-à-dire contre nous.* Aussi, une assimilation n'est-elle possible que par l'abandon des doctrines coraniques, mais ce n'est pas précisément ce qui tend à se dessiner. Fusionner avec une race maudite serait un crime, une apostasie. »

Malgré tout, je le répète, je considère la Tunisie comme un pays d'avenir, de très grand avenir. Il suffit de l'avoir parcourue, même à tire d'ailes, comme je viens de le faire, pour s'en rendre compte ; mais l'exploitation de ce précieux domaine ne sera réellement possible, ne sera vraiment pratique que lorsque des débouchés auront été créés *et que la sécurité des colons sera devenue moins aléatoire.* Il faut pour cela attendre que les principaux centres de la Tunisie soient reliés entre eux par des lignes ferrées, et que des routes soient tracées à travers ses vastes plaines. Ce sera l'œuvre du temps, mais cette œuvre s'accomplira grâce aux efforts de notre ministre-résident général, M. Millet, et de son très distingué adjoint, M. Revoil, qui s'emploient à cette tâche avec une volonté et une énergie auxquelles tout le monde rend hommage.

Mais alors, et je ne saurais trop insister sur ce point, il faudra savoir se défendre contre l'armée des spéculateurs et des étrangers, notamment des Italiens et des Juifs, qui ne manqueront pas de s'abattre, comme une nuée de sauterelles, sur ce morceau de roi vers lequel on les voit avancer déjà leurs vilaines mains rapaces.

La Tunisie ne doit pas servir de champ d'exploitation à ces parasites, trop habitués à moissonner partout la récolte que nos soldats ont semée.

Et maintenant, j'arrête ici ces notes, jetées au hasard du souvenir, encore tout pénétré de cette vision d'Afrique qui m'a tenu sous le charme depuis le moment de notre entrée dans le canal de Tunis, jusqu'à notre sortie du port de Bizerte.

Paris-Auteuil, Juillet 189.

www.ingramcontent.com/pod-product-compliance
Lightning Source LLC
Chambersburg PA
CBHW051730090426
42738CB00010B/2192